ちくま新書

ドゥルーズ入門

檜垣立哉
Higaki Tatsuya

776

ドゥルーズ入門【目次】

凡例

次のドゥルーズの作品には、以下の略号を用いた。

DR　Gilles Deleuze, *Différence et répétition*, puf, 1968.

LS　Gilles Deleuze, *Logique du sens*, minuit, 1969.

PS　Gilles Deleuze, *Proust et les signes*, puf, 二版の Quadrige 版 1998

また、引用文中の（　）内は原著のもの、［　］内は訳者による補いである。強調部は特に断りがないかぎりは原著者によるものである。

はじめに――視点と俯瞰

今からみればだいぶ昔のことになるが、かつて吉本隆明が『ハイ・イメージ論』（福武書店、のちちくま学芸文庫）で、ランドサット衛星から見た地球の光景を、とても斬新なものとして描いていたことは印象深い。無限遠点に近似した宇宙視線であるランドサット衛星からの日本の眺望は、われわれがいわゆる「日常」において経験している「この世界」のイマージュではない。そして、これは本質的なことであるが、ランドサット衛星の画像をわれわれが目にできるということには、テクノロジーや技術の進展があらかじめ織り込まれている。だがそれは、必ずしも、現代の文脈でのみ語られることではない。もっと人類学的な淵源や生物学的な深度をもった話である。

吉本のこうした議論と関わるのは、吉本が別の箇所で描くような、海流としての日本列島の交易の歴史性であり、あるいは建築物を数世代にわたって改修・修理する想像力である。たとえば、紀伊半島の南部と、房総半島の南部とは、明らかに言語上の類似性があるといわれる。それは、現在のわれわれにとっては想像の外部に追いやられてしまった海上の民衆の移動が、かつて存在したからである。また自分の人生の時間内で何の役にたつのか分からない建築物の改修に携わる村民は、自分が経験しえない、いわば集合的に無意識的な時間の枠組みを見据えて作業をおこなっている。ランドサット衛星は、海上の道を、まさに視覚的に明らかにしてくれるだろう。時間のランドサットがあるならば、それは時間の延び拡がりをそのままに押さえさせてくれるだろう。それは凝縮された地層のイマージュに近い（身体もまた一種の地層である）。しかし、ランドサットのような「技術」が存在しないときでも、それなりのテクノロジーによって、彼らは海の上に何かを見ていたのではないか。あるいは自分が生きる時間の彼方にまで広がる、確かな流れを感じとっていたのではないか。それは「自分の経験」に入る仕方においてではない。しかし、そうではないかたちで、流れは確かに感じとられているのである。

ドゥルーズが「俯瞰《ふかん》」(survol) によって描いていたものは、これとかなり近接しているようにもおもえる。それは、後期のドゥルーズが（同時代の思想家のフーコーと歩調をあわせながら）地理学的、地質学的なイマージュを援用しつつ、初期の議論を引き延ばすように記述を進めていくことからも見てとれる。だが、こうした「俯瞰」というあり方は、「内包性」(intensité) という、この思想家にとっての根幹概念を捉えるための基本でもある。それは、この世界を見る「視点」という概念に、つねに関わっている。

私がこの世界にあるあり方を考えてみよう。私は身体であるからこの世界にある。私は決して抽象的に切り詰められた思考スルモノではない。私とは動くものであり、動くものであるかぎり、具体的にこの世界に自分の位置をとることができる。

だから私の身体とは、私の「視点」のことではないかと考えるひとも数多い。それは間違いではない。身体があるがゆえに、私には前と後がある。身体こそが方向（sens）を決めてくれるのである。そして方向が身体をもつことの意味（sens）であり、それはまた身体によって位置づけられる良識（bon sens）が、「表象」（représentation）としての秩序だった世界の光景を規定することと関連する。

しかしドゥルーズは、こうした事情をさらに別の仕方でも考える。それをいささか敷衍すると、こうなるだろう。

私が動くときには、確かに私の身体が、私にとって見える世界の基準になってしまう。しかし身体のなかで、私はどこにいるのか。また身体が動くときに、私はどこまでが私なのか。私が動くということがそもそも身体であることなのか。私が身体を媒介としているのか。

私が安定して動くことが可能であるのは、確かに大地が安定していると想定されるからである。それはまさにフッサールが記したように、大地は動かないと想定されるからである。しかしこれも、少し考えれば奇妙な言明であることに気づく。大地の上で私が動くとしても、そこで大地の動かなさは、何によって確認できるのか。それは、大地は身体を支えながらも、私が大地を、私が動くことの基準系と見なしてしまうことによってではないのか。基準としての身体が大地を動かないものとするならば、事態はそもそも反転しているのではないか。

もう少し考えてみる。私が動くのは、地に足がついているからであるようにおもえる。しかし地に足がつくというのは、大地を動かないものとして、私の身体の方が設定しているからである。さらにいえば、実際には大地は動く。大地は宇宙空間を浮いているのである。大地そのものが、遊泳しているのである。

すべてを動きのなかで捉えていくことは、まさに「地に足がつかない」という事態を現出させる。そして動く身体は、自らが動きながら、動きつつある大地に足を踏みだしている以上、それ自身が地に足をつけていないもののはずである。それどころか、身体は、大地が宇宙空間に浮いていることを事実上「知っている」。私がそれである身体が、空間的な広漠さを引き受け、さらには気の遠くなるような自然史的な進化の果てにあることを、さらには身体や言語について、とても個人的に経験することのない多くの過去の人間たちの行為の積み上げであることを「知っている」。そのとき、そうした「知っている」ことは、決して「自分の経験」ではありえない。「自分の経験」は、つねに大地を必要とするものだ。しかし、そうした大地も動くものであり、そこでは地に足などついていないことを「知っている」。

こうした「知っている」というあり方が、ドゥルーズの呼ぶところの「俯瞰」にきわめて近いようにおもえる。それはまさに、「地に足がつかない」ことそのものとして、この身体が生きるあり方を押さえているようにみえる。「俯瞰」している私は、まさに方向＝意味（sens）を喪失している。「俯瞰」している私は、自然史的空間の無限性、自然的時間の無限性を、「身をもって知り」、そうした、無限の空間が備えている広漠としたあり方から、自身が何であるのかを理解している。そうした身体の一例として、分裂症（現在の名称では統合失調症。以下ドゥルーズの現行の翻訳にあわせ以前の術語を使う）の身体が、ドゥルーズにおいて重要視されているのも、それがどこまで臨床的経験として事実であるのかは措《お》くとしても、理解しえないことではない（ドゥルーズはアルトーなど、病者で芸術家であった者の記述を参考にしているだけである）。分裂症の身体には、それを支えるべき大地が存在しない。いやむしろ、身体が大地そのものと連続し、そこで身体であることは、宇宙であることと直ちに結びついている。宇宙のなかにある自分の身体を感じることは、現実的には身体が何にも支えられておらず、私たちが何にも基礎づけられていない、ぬかるみや底なしという経験をあらわにする。地に足がついていないのに、すべては空回りし吃音にしかならないのに、それでも体を動かし、言葉をしゃべること。

　ドゥルーズの哲学は、こうした事態を体系化するという欲望にとりつかれている。それは後期には、資本主義や、分裂症や、映像芸術や、それらの事象との連関のなかで具体的に語られるテーマでもある。しかし七十年代までのドゥルーズは、あくまでも、彼が引き受けた哲学や哲学史の論脈のなかで、こうしたことを論じようとしている。

『ドゥルーズ入門』と題されたこの書物で扱うのは、二冊の主著を中心とした前半期のドゥルーズの読解であるが、それはドゥルーズ＝ガタリの思考も、そしてドゥルーズを引き受けてさまざまに展開される現代的な思考の諸様相を解読するためにも、ともあれ不可欠であるだろう。それ以上に、それは現代哲学にとって、この思想家がもっている意義を際だたせるために、何よりもなされるべきことでもある。

第一章 ドゥルーズの「哲学」とは何か

†内包性と潜在性

「はじめに」で述べたような「俯瞰」という術語が、ドゥルーズによってはっきりととりあげられるのは、『意味の論理学』以降のことである。しかし、「俯瞰」にまつわるモチーフは、ドゥルーズの思考総体を捉えようとするときに、ずっと一貫したテーマであるようにおもえる。それは、「内包性」と「潜在性」というドゥルーズ哲学そのものの主題に関わるし、同時に、ドゥルーズが描きだしている思考のイマージュとも結びついている。

「内包性」と「潜在性」とは、以下のように説明できる。「内包性」の議論は、ベルクソンにおける「持続」の発想に由来するものであるが、それはもともと、質的なものを巡る、カント以降の議論の押さえ方にも関わっている。内包的なものとは、外延的なもの、つまりは相互外在的で分断されると等質的となるような、空間によって代表される事例とは異なって、それ自身が連続性のなかにおいて実在し、分断するとその質を変じてしまう実在のあり方を描く。だからそれは、そもそも、そうした流れそのものを切り分けずに見るという「俯瞰」のあり方を、方法論としてもたざるをえない。

「内包性」は、基本的に実在が連続していることを原則としている。実在の「連続性」という発想は、ベルクソンがきわめて印象的に論じていることである。ベルクソンは、時間の流れを分断された瞬間の並置として捉えることが、パラドックスに追い込まれていくことを執拗《しつよう》に説いている。流れることが、流れない瞬間の継起によって成立するのであれば、それは流れないものから流れることを構成してしまうことになる。しかし分断された瞬間から他の瞬間へと移行するためには、そのあいだに、どんなに短くてもあいだが想定されなければならない。そうであるならば、そうしたあいだには、さらに細かな瞬間が見いだされうる。その作業は無限につづき、ついには時間が流れることはありえなくなってしまう（いわゆるゼノンのパラドックスは、この議論のさまざまなヴァリエーションである）。こうしてベルクソンは、すでに空間化されたもの（延長的な量として提示されるもの）から、時間の流れを考えることの奇妙さをとりだしていく。それを解消するためには、逆の命題を考えればよい。つまり流れは、瞬間が連鎖してできあがっているのではなく、時間はそれそのままにおいて連続的なものであり、そうした連続性こそが実在なのであると。

こうしたベルクソンの発想は、これだけであれば、とても明瞭なものであるとおもわれるかもしれない。しかしそれがもっている帰結は、かなり奇妙な感覚を誘発する。ベルクソンは、以上の議論から、時間が流れることで考慮されるべきは、流れの大部分をなす過去の方であり（それは純粋記憶と術語化される）、他方現在とは、その流れの一断面にすぎないことを強く主張する。流れを重視する思考は、過去の実在こそを、そうした流れの内実そのものとして捉えるのである。だから断面でしかない現在は、かぎりなく実在性が希薄になってしまう。

しかし考えてみよう。私という存在者が視線をもって何かを見ているのであれば、そうした私は、まさに現在にいると語られるべきだろう。そしてさらにいえば、こうした視線をもつことは、私という存在者が、「表象」としての世界を描くことの基準となるはずだ。だが、実在が連続的であり、どこまでもつづく領域を包含しているという発想をとるならば、そこでは視点が依拠すべき、現在としての瞬間はありえなくなってしまう。

では連続性そのものは「誰」が見ているのだろうか。今を生き、そしてその視線において世界を見る者が「この私」であるならば、そうした「この私」には、連続性は見えないもののはずである。しかし、さしあたりは見渡すこともできない海流の流れを身体で知り、自分が生きもしない世代を越えた時間を織り込んで作業をなすひとびとは、その行動そのものにおいて、連続性を見ているのではないか。そうであれば、そうした存在者は、確かに「私」でありながら、「この私」とその「経験」とは、およそ関わりがないものまで見据えている、そうした存在者ではないのか。

考えるべきは、その際に私であるものは、自分の経験になることのありえない経験を、「表象」するのとは違うかたちで「知っている」ということである。時間の流れを捉える者、それを生きる者は、「私」の経験にはなりえないものを確かに「知っている」ということである。一般的には、無意識や暗黙知などとの繫がりを連想させうるこうした事態を、ベルクソン－ドゥルーズは、「潜在性」（virtualité）という術語によってとりだしていく。潜在的なものとは、決して現実的（actuel）なものになりえないながら、それ自身は仮構的（fictif）ではなく、まさに流れのなかで実在的（réel）である当のものなのである。もちろんベルクソンの議論の発端では、問われているのは瞬間と瞬間のあいだであった。しかし実在がそもそも連続的で、それゆえある瞬間によって切りとることができないものであるならば、それは空間的な視線の向こう側、時間的な経験性の向こう側にも、まさに無限に伸びていくものであるはずだ。

こうした経験しえない経験の領域が、「内包的」なものであり、その存在様態こそが「潜在性」である。実在を、内包的な連続性によって示すことは、そこで「私」がひとつの視点に立った存在者ではそもそもありえないことを明確にしてくれる。ベルクソンは、この点を強調して、本当のところ現在は実在せず、われわれが知覚するのはすべて過去であるという、きわめてパラドックス的な言明をおこなっている。連続性そのものは、むしろわれわれの日常的な知見に奇妙な感じを与えるが、その奇妙さは、われわれが生きているということの一面の本質を突いているのである。このことを深く考えるべきである。

ドゥルーズは、こうした連続性の「俯瞰」の、それ自身の奇妙さを融通無碍《ゆうずうむげ》に展開していく。それは、ベルクソンの記述そのものを、それ自身が有機的な全体性の発想に捕らわれているものとして厳しく批判し、さらに乗り越えようとするものでもある。それは、無限を徹底して形式的に見ることや、そこでの生の新たなイマージュ化に繋《つな》がっていく。これらの試みは、第一の主著である『差異と反復』での「第三の時間」、第二の主著である『意味の論理学』でのアイオーン（永遠性）としての時間、後期の概念における「リゾーム」や「平滑空間」、『シネマ』における地層性や結晶イマージュ、これらの描写において、つぎつぎと繰り広げられていく。

†十九世紀という文脈

こうしたドゥルーズの発想は、どのような哲学史的な系譜を辿っており、またどこに位置づけられるものなのだろうか。

すでに述べたようにドゥルーズは、ベルクソンという二十世紀初頭のフランスの哲学者や、ニーチェという十九世紀のドイツ語圏の哲学者に多大な影響を受けている。またドゥルーズは、「器官なき身体」という言葉を芸術家・作家のアルトーから引き継いでいるし、またプルーストなどの文学的テクストからもきわめて強い示唆を受け、その哲学を発展させている。ドゥルーズ初期の思考は、まさに哲学史のコラージュとでもいえるような、ある種のパッチワークにも似たテクストの積み上げから成り立っている。しかしながら同時にそれは、いささか意外なまでに、哲学史的な素材に忠実なものでもある。

これらは教科書的に、つぎのようにまとめることもできるだろう。ドゥルーズの思想の形成は、「生の哲学」と一括できる、ニーチェやベルクソンに代表されるような思潮、つまり理性的な知に対し、生命的な衝動性あるいは欲動性の位相を重視する思考（それは、生成や力の形而上学を扱う場面に重なる）、さらに「経験論」という、これもまた合理的に決定された世界を捉えるというよりも、経験のなかで世界の獲得が重視される発想（初期のヒューム論などがその代表であり、さらにドゥルーズは、自らの議論を「超越論的経験論」と捉えていた）、そして、近代的思考の形成期である十七世紀的哲学史の諸議論（とりわけスピノザとライプニッツ）、これらを下敷きとすることから成り立っている。とくに、ベルクソン・ニーチェ・スピノザの名は、ドゥルーズの思考を語るときに、看過することのできないものである。

しかし、こうした公式的で教条的な説明とは別に、もうひとつの、ある意味では、上記の描き方よりもはるかに広域的かもしれない位置づけを、ドゥルーズに対してなすことが可能である。それは、十九世紀的思考の継承者として、ドゥルーズの思考を捉えることでである。

ではそこで、十九世紀的な思考とは何を指しているのか。それはまさに、ポスト・カント的な布置のなかで、「内包量」という発想が前面に現れ、一種のライプニッツ主義が際だってくるような思考の場面である。

詳しく見てみよう。十九世紀のヨーロッパは、その全体像において、カント主義の底を洗い直す作業をなしていたといってもよい。カントとドゥルーズという議論そのものが興味深いのだが（ドゥルーズは、カントの批判哲学に関する一書を、「敵」について論じた書物として著しているし、さらに『差異と反復』の全体構成や、その時間論は、カントを強く意識し、それを転倒させたり突破したりするための仕掛けを数多く含んでいる）、それは措くとしても、ドゥルーズの思考が、カント以降の思潮に深くコミットしていること、そしてそこでの議論の核心が、内包性そのものを扱う場面で要請される「微分」(différentiel)の発想に深く連関していることは確かである。

ドゥルーズが、ベルクソンの議論から「差異」(différence) の概念をとりだし、二十世紀的思考のキータームであるこの術語を、自らの思考の根幹に据えたことはよく知られている。しかしその際にドゥルーズは、差異という言葉に、明らかに「微分」のニュアンスを重ねあわせ、『差異と反復』では、その後半を、一種の微分／分化 (différentiation/

différenciation）論として描いていくことを考慮しなければならない。ベルクソンが、実在の連続性において把捉していた内包性と潜在性は、微分の思考にそのまま折り重なるのである。何故か。

先に連続体において語られていたことは、内包的な実在がもつ連続性についてであった。それを語る際に、現在の視点に立たないで、流れそのものの中に視点を入れ込めること、いわば内在的な観点に立つことの基本性が論じられていた。だが、こうして実在の連続性を、あるいはそれが備えている質的（qualitatif）な性格を捉えた上で、果たされるべきことは、そうした連続性が、それでも個別的なものとして切りだされてくる、そのメカニズムを描くことである。いわば質的な内包性が、量的な外延性に展開されていく論理が追求されなければならない。しかもその場面で、連続的なものの実在性が損なわれない仕方で、こうした議論が果たされるべきである。

そこで連続的でありながら、さまざまな傾向性に分けられていく実在を想定すると、その際に微分的なモデルが有効なものとして見いだされてくる。だから、内包性の議論を考えるときに、無限小に分け入っていく微細な力のあり方をそのままに捉える微分的な発想が、差異化の議論としても必要になるのである。

そもそもカント自身が、カテゴリーに関する議論のなかで、内包性に言及していたことが再考されるべきである。カントの批判哲学を決定づける書物、『純粋理性批判』の悟性《ごせい》の議論では、量・質・関係・様相を巡る四つのカテゴリーから、カントは知覚の予料の議論として、質としての内包性を論じている。もちろんカントにおいては、主体的な経験の様式の分類が重要であった。カントがいわば静態的に提示した諸区分――感性・悟性・理性、それらを繋ぐ構想力や判断力、またそのなかの諸カテゴリー――がどのように連関し相互生成していったのかを動的に扱うことになる。フィヒテ・シェリング・ヘーゲルらは間違いなく、こうした発想のもとにカントを批判し、あるいは深化させていった。そこでは、内包性を巡る、微分的な契機をとくに引き立てることが、ひとつの仕方として可能である。ドゥルーズが、『差異と反復』で参照しているマイモンは、この点において貴重な貢献をなしている。さらにとりわけ論及したいのは、いまではほとんど誰も参照しなくなった、新カント派といわれる面々である。

ヘルマン・コーエンという、ユダヤ系思想家として知られる新カント派の論者は、二十世紀の哲学に大きな影響を与えている。そもそも日本が西洋から哲学を輸入した時期に、新カント派は現代思想の尖端のような役割を果たしていた。後に少し述べるが、西田幾多郎が、ベルクソンの「純粋持続」にきわめて近い「純粋経験」という、やはり内包性の思考を踏まえつつ著した『自覚に於ける直観と反省』において、コーエンの微分の議論を偏重していたことも、内包性の哲学という観点から見て、きわめて興味深いことである。コーエンは内包性の議論から、微分の哲学を発展させている。そこで重要なのは、内包性の議論に、本質的にライプニッツ主義が導入されたことである。内包的で連続的な実在性に関するテーゼを拡張するためには、ライプニッツに代表される、無限小を見るバロック的発想が必要になってくる。これは哲学史的にもかなり大きな意味をもつ。

先にも述べたように、ドゥルーズの議論の根幹には、ライプニッツに代表される十七世紀の思考が介在している。『差異と反復』でのライプニッツは、無限大を論じるヘーゲルとの対比のなかで、無限小に酔うことで「表象」的な「良識」を内破させる役割を担わされている。『意味の論理学』のセリーの思考において、共不可能性を論じる部分は、ライプニッツ的な可能世界論の論旨を換骨奪胎《かんこつだったい》していくものである。しかしここで強調したいのは、そうした表面的な事柄ではない。むしろ内包的な議論が、どこかでバロック的な無限小の議論に滑り込んでいく必然性こそが捉えられるべきである。内包性の議論とはバロック的なものにならざるをえない。

無限小を捉える微分の思考は、目に見える外延的なものの根底に、目に見えない差異の蠢《うごめ》きが、無限小にたたみ込まれていることをとりだしてくる。ライプニッツのモナドの議論、個体がミクロコスモスとして、宇宙であるマクロコスモスを含み込むという議論の設定は、こうした無限小的なバロック的発想の核心に存在している。そして連続体的な思考は、実在の無限の繫がりと、その展開を述べるかぎりで、こうしたライプニッツ－バロック主義に深く関わらざるをえない。ベルクソン－ドゥルーズの思考も、そのひとつのヴァリアントとして位置づけられうる側面があるのではないか。

それは、コーエンや新カント派というドイツ的文脈や、それとドゥルーズとの関わりに限定して述べられるものではない。むしろ十九世紀後半からの現代思想の萌芽的な状況において、こうしたバロック的内包主義の奔流は、さまざまに噴出している。

フランスにおける社会学の創始者のひとりであるガブリエル・タルドは、『模倣の法則』での集団社会学・社会心理学の提示によって有名であるが、タルドの思考の基本には、ネオ・ライプニッツ主義とでもいうべき、モナドロジーの再興があった。『モナドロジーと社会学』と題される、そのひとつの主著作のテーマは、実在の連続性にあるとともに、物理的実体・生物細胞・個人や社会に到るさまざまな事例がモナド的な存在であることを、当時の物理学や生物学を例にとりながら明らかにすることにある。それは、主体といわれる単位そのものが、その内側にさまざまなスケールで社会的なものを含み込み、個々人の判断とは別のかたちで、まさに相互に横断していることを明確にする（こうしたタルドのモナドロジー的発想は、ドゥルーズの『差異と反復』のなかでも論じられるし、また近年のマルチチュード労働論の文脈において、ラッツァラートなどが再評価している）。

あるいはアメリカの記号論者チャールズ・サンダース・パースをとりあげてもよい。独自の三項性における記号論の体系を編みだしたパースは、その発想の根底に、数学や物理学と深く繋がる連続性の思考を備えている。その記号分類のなかで語られる「第一性」は、まさに質的で、現実化されえないmay-beingとして、ベルクソンやドゥルーズが論じている潜在性という様態にきわめて近いものである（「第二性」は対立のなかでの抵抗によって示される他なるものであり、「第三性」は、それらを統合する関係性の位相である）。それは、まさに集合論によって語られる数学的な連続性の思考を軸に、宇宙論的な拡がりをもつ形而上学として構想されているもので、そこでの連続性の発想は、ドゥルーズの思考と結びつけることも可能である。さらにいえば、ソシュールと並び称されるその記号論的な着想は、ソシュール的なシニフィアン／シニフィエという二項的な記号関係が批判的に論じられる現代的な文脈において、さまざまな展開の方向性を秘めている。ドゥルーズ自身も、シニフィアン主義を強く批判する後期の著作のなかで、たとえば『シネマ』において、映像の分類学を果たす軸としてパースの記号論を参照している。それは直接的には、連続主義と関わることではないが、しかしこの参照は、さまざまなことを連想させる。

さらに西田幾多郎を、ひとつの媒介項としてとりあげることもできるかもしれない。西田とドゥルーズは、ベルクソン由来の連続的な実在性の議論を、それぞれの仕方で展開していくのだが、そこで両者ともに、ベルクソン的な連続性の根源性を受容しながらも、同時にそこに新カント派的な微分の議論を、「個体」という問題に即して入れ込めていく。そうであるかぎり、両者の議論の展開は、かなりパラレルなものであるといえるだろうし、この両者を、内包性の微分哲学という方向から解読していくことは不可避であるともおもえる。とりわけ、西田後期の絶対矛盾的自己同一の議論を、ドゥルーズの副次的矛盾の展開と重ねあわせることは、さまざまなアイデアを提供しうるのではないか。

そして、こうした事象すべての裏側に、まさしく集合論的な、実在の連続体に関わる数理的思考が重なっていることは、改めて述べるまでもない。カントールやデデキントを中心に展開された集合論的な「無限」は、まさにライプニッツ主義を引き受けながら、純粋数学的な側面から、「無限」にまつわる十九世紀の知と繫がっている。そして、そうした数理哲学的な成果は、これもまた、『差異と反復』での時間論での、「序数的」と特徴づけられる「第三の時間」の規定そのものに結びつくのである。

たしかに集合論は、一般的にいえば、実在に対する抽象的な水準の思考にすぎないと見えるかもしれない。しかしドゥルーズの数理哲学(きわめて十九世紀的なそれ)への傾斜を考えても、またこうして見いだされた「無限」が、ゲーデル的な展開をもちださなくとも、それ自身脱根拠化という二十世紀的なスローガンそのものを（少なくとも側面的には）支えていたことから考えても、それが実在観に与えた影響力は否定できない。

すると、タルド的な社会学、パース的な記号論、西田的な純粋哲学、十九世紀後半以降の集合論という諸議論は、それぞれがモナド的な無限小と差異化を原理とした連続体の思考を、大きなバックボーンとして備えているといえるのではないか。そして、ドゥルーズ自身において明確な、内包主義とその分化＝現実化に関する議論は、それ自身、十九世紀的な思考と、そのヴァリアントとして読むこともできるのではないか。ようするに、ドゥルーズ自身が、ライプニッツ的なモナドロジーをひとつの範型とし、さまざまな領域で展開されてきた議論の、その文脈を強く引き受けたものとして、位置づけられうるのではないか。ベルクソン－ドゥルーズと繋がっていく思考の流れを、このように定位することは、説得的であると同時に、まさにその思想が浅薄なポストモダンとして処理されがちな現状を考えれば、強調されなければならないことでもある。ドゥルーズの哲学は、その構成の多くをモダンな思想に負っている。表面だけを見てはならない。

†バロック主義——非主観性の思考

十九世紀の一部の論脈で顕著に見いだされる、こうした内包性・微分性・潜在性・無限小性・バロック性を巡る思考群は、しかしさらにいっそう広域の思想史的文脈において捉えることも可能である。それは思想史における、(後期のドゥルーズが利用する字義通りの意味において)「マイナー性」の系譜を形成するといってもよい。

ではそこで、マイナーなものに対するメジャーなものとは何なのか。それは、主観性と言語の哲学にほかならない。逆にいえば、マイナーなものとは、主観性という中心軸をもたないで、あるいはシニフィアン的な超越の力能に依拠しないで、この世界を捉えていく思考に与えられた名のことである。

ここで再び、最初に論じた視点の話題に戻ろう。主観性という中心、私が世界を生きるときの中心とは、いってみれば視点のこと、視点の備えている定点性のことであった。連続性の思考、つまり決定された定点はこの世界に存在せず、すべては流れのなかに解消されるという発想において、拒絶されるのは、こうした主観性をなす視点のことである。バロック的思考は、主観性という特定の領域を捉えても、いつもそこに横断的に入り込んでいく非人称的なものの重層性を際だたせてしまう。

このことは、まさにモナドロジーや、その社会学的復刻版であるタルドの社会心理学を例に挙げれば分かりやすい。そこでは、単独の中心として描かれる個体には、世界全体が反映されており、なおかつその微細な襞に分け入るように、あらゆるものがその内側に潜り込んでいる。バロック主義のこの部分を、いたずらに神秘主義的に捉える必要はない。何故ならば、私といわれる存在者は、その生物学的な、言語的な、精神的なあり方のどれを切りとったとしても、社会的存在であったり自然史的存在であったりすることにおいて、無意識的なバロックの「構造」を内に抱え込んでいるからだ。

こうした主題は、初期のドゥルーズでは、かなり伝統的な哲学との関わりのもとで、個体性および個体化（individualisation）という方向から、あるいは非人称的な超越論的領野という視角から（とくに『意味の論理学』において）探求されている。ドゥルーズの個体化論は、シモンドン経由での皮膚や膜の議論とも繋がりがある。それは、個体とされるものが、連続的なものの限定や、無限の入れ込みの切断として捉えられることをはっきりと示してくれる。しかし、ドゥルーズがこの側面をより拡張して論じるのは、ドゥルーズ＝ガタリとして共著を出版する七十年代以降のことである。そこでは主観性が、まさに非人称的で横断的な集団性を基盤としてしか論じられないことが顕著に際だたせられていく。この位相では、共同的な実践（生物学的な環境的反応や言語的プラクシスや政治的な行為性）がまずあり、視点をもった個人的なものは、そこでのひとつの断面として示されるものでしかない。そこでは、まず個人の意識やその中心性が存在し、それが他者や環境とどのように関連をもつのかという問いは退けられる。それは転倒した問いの設定なのである。

存在するとは、むしろつねに非人称的な行為がまずあり、それが(後期にはリゾームという言葉でイマージュ化されるように)主観と主観とのあいだにおいて、主観を作りあげるように作動しているのである。

しかし、そこである種の中心が導入されるかのように、つまり視点の中心があらかじめ設定されているかのように見えるのは何故なのだろうか。こうした問いも当然立てられるべきではないか。

そこでドゥルーズ(あるいはドゥルーズ＝ガタリ)はどう答えるのか。まさに言語的なシニフィアンの力(意味するものの備えている作用)が、そして同時に、こうしたシニフィアンを支えている、超コード的なものを設定する世界史的な働き(キリスト教的な一神教が本質的に大きな役割を演じている)が、その意義において、批判的に捉え返される。意識の主体がもち込むような中心性とは、言語の力によって生みだされる空虚な焦点なのである。それが導きだす「超越」の作用が、そうした中心性を、あらかじめ存在するかのように錯視的に設定するのである。

メジャーな哲学は、意識の中心性から議論を開始する。主体の方から、そうした主体が世界にどのように関わるのかを考察する。意識に自明なものとしての「真理」の方から、主体に光を与えるものを考察する。

それは近世哲学的な位相においては、デカルトやカント、それを引き継ぐ現象学において基本をなしている発想である。時代の転変のなかで、こうした中心性や主体性が、それ自身として維持できないことが明らかになると、こうした空虚な中心は、言語的な力、シニフィアンの作用として、存在しえないものの存在として、錯視的に描き直されていく。二十世紀のメジャーな思考は、ソシュールが論じたシニフィアン的な記号の議論であり、ラカン的な精神分析であり、それに折り重なるもろもろの思考（たとえばデリダの脱構築やジュディス・バトラーの構築主義など）である。それらは主体を、言語的に構成されたものとして提示しようとするが、そこでは言語の空虚さにすべてを押し込めてしまうために、ライプニッツ的な実在の微細な働きや、それが表現する身体的自然は、認識不可能な外部として排除されるだけである。

マイナー哲学とは、非言語の、非主観性の、自然の、質料性の、薄暗い、生産的・生殖的な力の領域の、それそのものの実在を肯定する哲学である。言語的なシニフィアンが、上からの超越的な力によって、連続的で微細な流れを切断するのに対し、自然的な質料性が、それ自身として保持している差異化の産出的運動を引きだし、それを見極める思考である。そうした差異が、そこここに実在し、かたちをとって現れてくること、そこで何かを生みだすことを、そのまま見いだそうとするのである。

†一義性とシステム論――ヒエラルキーなき砂漠

こうしたマイナーなものの知について、ドゥルーズはひとつのはっきりした名を与えている。それは「一義性」(univocité) である。一義性についての存在論であることが、ドゥルーズの自然哲学的傾向を特徴づける。一義性は、中世のスコラ哲学者、ドゥンス・スコトゥスの名とともに語られる。しかしドゥルーズの文脈において、一義性とは、スコトゥス・スピノザ・ニーチェを繋ぐ、マイナーなラインにおける思想史を描くための標語となるものである。それはどういうことか。

中心点を見いだす発想とは、主観性に依拠するにせよ、シニフィアンの効果に依存するにせよ、中心を軸として描かれる階層秩序をつねに想定してしまう。それはまさに、ヒエラルキーをなすのである。こうしたヒエラルキーの思考を支えるものは、アナロジー的な作用である。何かが中心に設定され、それとの類比によって、他の存在者のあり方も、そしてその価値も定められ配分されてしまう。それは存在論的には、類と種の関係において把握され、その一般性 (généralité) を基軸とした下位的な区分において個体を捉えるものである。しかし一義性の発想とは、それを逆立させ、個体的なものがその上位概念を含み引き受ける、反乱する力を含んだ特異性 (singularité) を際だたせる。

言語や主体を軸にした発想は、自然存在の沸き立つ力に対する、抑圧的な統制機能である「超越」を前提としている。超越論的な統覚（カント的な主体）が失われたのちにも、そこにはシニフィアンの力が、空虚なその姿において、存在を統制する。そうした統制のもとに、存在は階層づけられる。

バロック的思考において、あらゆる細部に差異が宿り、あらゆる個体のなかに全体が破断的に入り込み、すべてのものがすべてのものと繫がっていると描かれるときに、そこで廃棄されるのはまさにヒエラルキーである。ヒエラルキーが廃棄されるときに際だってくるのが、存在がひとつの声を多様に鳴り響かせることである。もっとも印象的な、『差異と反復』の最後のフレーズを、ここで引用しておこう。

「幾千もの声をもつ多様なもののすべてのためのただひとつの声、すべての水滴のためのただひとつの〈大洋〉、すべての存在者のための〈存在〉のただひとつの叫び」(DR 388-389)。

こうした一義性について、また次のようにもいわれる。

「開在性は、本質的に一義性に属している。アナロジーの定住的配分に対して、一義的なものにおける遊牧的配分と戴冠せるアナーキーとが対立する。そこではただ、「すべてが等しい！」そして「すべてが還帰する！」という声が鳴り響くばかりである」(DR 388)。

「一義性」の記述には、後期のドゥルーズ＝ガタリにおいて強調される、遊牧民＝ノマド的な配分という主題も、またそれがもつ国家＝超越的支配体制に対抗するアナーキーな発想も、さらには、「第三の時間」において論じられる「永劫回帰」としての「時間イマージュ」も、すべてが織り込まれている。さらにいえば、後期の議論においてポイントをなす、リゾーム・平滑空間・無機的なもの・抽象機械、これらも、すべてこうした一義性の存在論が見いだす存在のイマージュの系譜に位置づけられうる。もちろん、前期のドゥルーズと後期のドゥルーズとのあいだには、看過しがたい記述の差異が見受けられる。「一義性」の概念が、ライプニッツ的な離接的総合の思考を媒介として、どのように後期の機械やリゾームの概念に到ったのかは、それ自身として解明すべきテーマである。しかしこれらの発想が、もともとスコトゥス由来の概念を独自に引き受けた「一義性」の系譜にあることは、忘却されるべきではない。

こうした「一義的」な存在とは、スピノザが論じているように、「超越」というあり方を一切欠いた、「内在」の位相として提示される（後に見るように、スピノザこそが、まさに哲学者そのものであるとドゥルーズは強調する。『哲学とは何か』を参照のこと）。しかし、そのイマージュは、ドゥルーズの同時代人であるフーコーの好んだ言い回しを転用するならば、あるいはそこに、国家的な土地のコード化に逆らいながら横断的な逃走線を引き、まさにマイナーな知そのものの蜂起をおこなう遊牧民のイマージュを織り込みつつ描くならば、砂漠という表現に近接したものがある。それは他方では、大洋が、海そのものが保持しているイマージュである。しかし砂漠は、それ自身として海でもある。また、条里化に逆らう平滑空間の典型例にほかならない海も、一種の砂漠である。砂漠としての海、海としての砂漠。

そこでの記述の原型は、最初に述べた、無限遠点を想定するランドサット的な視線、いわば脱定点的な視線と、そこでの生態系的（écologique）・自然史的な描写にそのまま戻っていくのではないか。砂漠のなかに条里化された道はない。海のなかに、あらかじめ引かれた航路も道筋もありえない。そのような状況において、われわれはその茫漠さを、それが備えている不定形さそのものを、方向＝感覚をそもそも喪失した状態を捉えだす。それは、それ自身としては、まさに分裂症の患者の身体に見いだされる、方向＝感覚を失った質料性のようである。だが、考えなければならないのは、こうした平滑的な砂漠から、平滑なる大洋から、条里的な超越性を欠如した隙間から、すべてが生成しだすことである。海は、それ自身がアマルガムとして、その一義的な働きのなかから、多種多様な無数の生命を産出していく場面そのものである。砂漠もまた、砂漠をとり押さえるものなど一切ないというそのあり方において、さまざまな道を、ひとつの視点の内部には収まりきらない横断性として引くことが可能なものである。砂漠は、それ自身の平滑さによって、中心も周縁もなく、ヒエラルキーシステムにいささかの関わりもなく、まさにあらゆる位置から、差異化を生産するエレメントである。自然的生命は、あらゆる細部に宿りつつ、環境的規定を受けながら、何か新たなものを生みだしていく。それはすべて一義的に平板化された、砂粒の配置が産みだすものである。

すべての差異に等しく生命的産出力を認めること。このことによって、質料的・唯物的な世界のエレメントは、まさに内在的なものとして、その産出的実在性において、自己や個体、生命組織や社会組織を、内側から引きだしてくるものとして描かれる。

砂漠に引かれる一本の線。大洋に引かれる一筋の航路。それは条里化的な働きによるというよりも、砂漠そのものが内在的な奔出力をもち、海自身がさまざまな差異化において環境－生命を産出していることの効果にほかならない。そのとき、砂漠そのもの、大洋そのものは、一切の超越なき内在である素材として、産出の力であることを担っている。そこは、あらゆる箇所で過剰に差異が花開き、あらゆる箇所で等しくその特異性が機能してしまう、内在的な位相そのものである。

第二章

ドゥルーズと哲学史

†ドゥルーズのコンテクスト

ジル・ドゥルーズの生涯を見渡すと、ポストモダンであるとか、六八年以降の思想であるとかといった言葉の響きから想像されるけばけばしさとは、ほぼ無縁で対照的な彼の生がほの見えてくる。ドゥルーズの死後十年以上がたち、伝記的記述や、さらにはその家族写真集などといった、オイディプス概念に逆らうこの哲学者にはとても相応《ふさわ》しくない出版物が量産されている現状において、さまざまに明らかになってくるのは、彼の生涯の静けさのようなものである。

もちろん、ドゥルーズの主要な活躍舞台が、ヴァンセンヌの実験校的な大学であったことは考える必要がある。そしてドゥルーズ当人が、かなり初期の段階から（日本のアカデミシャンとは比較できないほどに）文学や芸術の素養があり、常識的にイメージされるようなポストモダン的・脱領域的な色あいをもっていなかったとはいえない。しかし、ソルボンヌの助手、リヨン大学文学部の講師、パリ大学の教授と辿っていくその生涯は、非常にアカデミックである。フーコーのように、スウェーデンやチュニジアを彷徨《さまよ》い、自己形成をしたというドラマ性はない。一世代上のサルトルのように、アカデミズムの職を嫌悪し、在野のジャーナリズム・小説家という立場にこだわった形跡も見受けられない。もちろんそれは、ドゥルーズ自身が抱えていたある種の体質の「虚弱さ」とも関わるだろう。彼には国際的な活動というものもほとんどない。晩年に政治的な発言をするとしても、それもまた、ガタリやネグリの示唆を受けてのことである部分が多い。もちろん、ガタリとなした、倫理的政治的なものに関わる議論（とりわけ精神分析やマルクス主義との格闘）は、ドゥルーズその人が選択したものだろう。しかしドゥルーズは、基本的には、時代に対してまさに反‐時代的とでもいえるスタンスをとりつづけた。あるいは、関わったとしても、同時にどこかで醒めた視線を失ってはいなかったとおもう。

それは、ドゥルーズの思考にとって、一面では本質的な部分をなしている。彼自身は、いかなる存在であるよりも前に、まずは哲学史家であった。ドゥルーズの師と呼べるひとが、グイエやゲルーといった、きわめて哲学史家的な存在であったことを考えるべきである。卓越したテクスト読みとしてのドゥルーズが、まずは描かれなければならない。

もちろんこのことは、六八年という記念すべき年の周辺で、『差異と反復』と『意味の論理学』という二冊の主著を刊行する以前のドゥルーズが、ベルクソン・ヒューム・ニーチェ、そしてスピノザという、哲学のテクストの読解にきわめて忠実な仕事を展開していたことからも、はっきりと窺える。しかしこのスタンスは、六十年代以降の現代哲学とは何かを考えるときにも、深い意味をもっている。

ドゥルーズより一世代上の、目立った思想家としては、当然サルトルとメルロ＝ポンティが挙げられる。この二者は（もちろんこの両者にも、それぞれの類似点や相違点はあるのだが）、はっきりと現象学的な方法に定位していた。そのときに、現象学によって想定されているものは、フッサールに始まるこの学が備えている、論理学的・数学的な方向性というよりは、「事象そのものへ」という、事実性や経験性への切迫であったといってもよい。事実に密接するという衝動が、彼らの思考の核心をなしている。こうした事情が、時代に一種の解放感を与えたことも確かである（とりわけ観念論的哲学のもつ、形而上学的な傾向からの解脱作用としての役割は大きかった）。サルトルが与えた時代への「風」については、ドゥルーズも肯定的に描いている。

それより上の世代のスターといえば、なんといってもベルクソンである。そして渋い脇役としては科学論を展開したガストン・バシュラールがいる。ベルクソンは、すでに述べたように、ドゥルーズに甚大としかいいようがない影響を与えている。しかし、ドゥルーズの哲学へのスタンスは、彼らともいささか異なっている。ベルクソンもバシュラールも、本質的に、科学が見いだしてくる成果を、思考がどのように捉えるべきなのかを哲学の中心に置いた。結果的には、かなり形而上学的な発想をとりはするが、彼らは、十九世紀的な自然科学の凄まじい勢いでの進展を前にして、それらの意義をどう整理するかという、きわめて真っ当なスタンスをもって、哲学を論じていた部分がある。

ところがドゥルーズは、こうした上の世代とは、哲学に対する構えを異にしている。もちろんドゥルーズが、科学的なデータを重視しないわけではない。また経験が指し示してくれる事態を軽視するわけでもない。だがドゥルーズの思考の根本が、あくまでも哲学のテクストの読みそのものにあったことも事実なのである。

†テクストの存在論化的読解

意外な感に捕らわれるかもしれないが、この時代のフランス哲学は、基本的にテクストの実直な「読み」を重視している。しかも、かなり極端にテクストに密着した「読み」である。たとえばベルクソンのテクストは、サルトルやメルロ＝ポンティによって正当に読まれていたようにはおもえない。彼らは、自らの上の世代を退場させるのに急で、テクストそのものとじっくりつきあっている様子はなく、テクストを素早く一種の解読格子に落とし込んで批判する。ところが、ドゥルーズの初期の業績で紛れもなく一級品なのは、ベルクソンのテクストの「読解」である。

では、こうした「読み」は、何に基づいてなされていたのだろうか。そこでは、「存在論」化という事態が鍵になる。心的な質の記述からはじめ、生命的な力へと移っていくべルクソンの議論は、まさに心理学的で生物学的な、つまりは経験諸科学的な水準の議論としか読めない部分がある。ついで現象学が、経験に基づく知の根源性を、還元によって見いだし直そうとした。そこでは、ベルクソンの記述の内容は、いかなる方法によって担保されているのかが厳しく問われるだろう。しかしドゥルーズは、ベルクソンの議論を、生命的なものの「存在論」として、まったくぶれることなく読み解いていく。それはむしろベルクソンに沿い従うことによって、ベルクソンのテクストの（それがなお分かちもっている心理学的な）不純性を切り落とすほどに徹底したものである。

こうした「存在論」化という言い回しは、もちろんハイデガーの存在論が醸《かも》しだした時代の「雰囲気」に即応している。だが同時に、六十年代の思考が徹底して、それ以前のテクストの「存在論」化を遂行していたことは事実である。ラカンがおこなっていたのは、精神分析としてのフロイトのテクストのかぎりない「存在論」化である。アルチュセールがマルクスのテクストに対してなしたことは、まさに経済学批判としての当の論考の「存在論」化であった。デリダもまた、ある意味では一領域科学と見なされがちな記号論の「存在論」化を敢行している。構造主義とその展開そのものが、そもそも二十世紀に繁茂した、人間科学的な諸学に対するメタ学問的な位置づけをもつのだから、こうした議論の方向はもちろん順当であるだろう。

これらの存在論化において、諸科学として見いだされてきた心理学・精神分析・経済学・記号論は、それ自身が、主体と世界との関係を探る試みとして設定し直される。そして、それが遂行されるのは、現象学的な「経験」の遡及によってでも、ハイデガーがなしたような先祖返り（ギリシア的始原への仮想的な帰還）によってでもない。それは、テクストの正確な解読によってのみ果たされるのである。

先端諸科学が描きだす、統一的でない諸学のメタ構造を考える。何かの経験や位相や時代に統合されえない、メタ的な場面を描きだす。これが、ドゥルーズやその世代の思想家に課されたテーマであったともいえる。そのために、テクスト自身の、その読みの精度を高めていく。それはまさに、「超越論的経験論」を考えるという、そもそも異種結合のようなアイデアをもって繰り広げられるドゥルーズの記述の根本にあるものである。

†ベルクソンとドゥルーズ

ドゥルーズと哲学史との繋がりを考えるときに、第一に検討すべきなのは、もちろんベルクソンとの関係である。これはどんなに強調しても強調しすぎることはない。

ドゥルーズが初期に著した哲学史的なテクストのなかで、哲学史への寄与においても、ドゥルーズの思考の形成にとっても中心的なのは、『エチュード・ベルクソニエンヌ』というベルクソン研究の雑誌に掲載された密度の高い論文「ベルクソンにおける差異の概念」(現在では『無人島』に所収されている)であり、『ベルクソンの哲学』として刊行された小さなテクストである。その後のドゥルーズの展開を考えれば、ドゥルーズは終始、心理主義的に読まれがちなこの生命の哲学者から、唯物的な内実を引きだそうとしている。だがどう逆らったところで、ドゥルーズの議論のほとんどは、ベルクソンが創作したに近い諸概念の読み直し以外の何ものでもない。そして、ベルクソンからあえて離反することによって、自らの哲学を形成してきたドゥルーズも、晩年には(ガタリとの共同作業以降)再びあからさまにベルクソン的な主題に回帰する。『シネマ』は、その構成を考えるときには、やはりベルクソン批判としての色彩が濃い書物であるが、それが扱うテーマは「イマージュ」なのであり、しかも「運動」と「時間」のイマージュなのである。これほどまでにベルクソン主義者的な振る舞いがあるだろうか。

では、ベルクソンの読解においては、何がポイントであったのか。いうまでもなく、潜在的(ヴィルチュエル)なものの存在論をとりだしたことが、まずはそこでの成果である。ついで、こうした潜在的なものが、「生命」という主題に深く結びつけられたことが捉えられるべきである。この二つのテーマを発展させることにおいて、ドゥルーズはまさに、ベルクソンの最良の後継者である。

潜在性とは何か。それに対する明確な規定は、ベルクソン自身が「可能と実在」という『思考と動くもの』に所収された小さな論文でおこなっている。ドゥルーズは、潜在性というそこでの規定を、(カントに由来するが、ドゥルーズがそれを変容して利用する)「理念」という概念に適用しつつ受け継いでいく。

潜在的なものとは、現実的(actuel)ではないが実在的(réel)なもののことを指す。潜在性と現実性という概念が対をなしていることが、ベルクソンの議論の根幹をなしている。そして潜在的なものがそれと混同されてはならないのが、まさに可能性(possibilité)の概念である。可能的なものとは、現実的なものの位相にあるにすぎない。これはどういうことか。

ベルクソンにとって、実在は持続(durée)という、分割不可能な流れである。流れは、それを分断して切りとるならば明確なかたちをとるかもしれない。しかし実在は、そうした空間化において描ききることはできない。実在は時間のなかで、不可分の仕方で連続し、そのあり方を変容させていくものである(ベルクソンが、ゼノンのパラドックスにこだわって、時間的なものを空間的なものに還元してしまう思考を徹底的に排除したのは、この点による)。すっかり空間化されたものは、外延的(extensif)なものである。それは相互に独立した単位から成り立っていて、幾何学的な等質性を形成している(それはどれほど下位単位に分割されても、その性質を変えるものではない)。それに対して、実在するものは、流れとして時間的なものである。それらは、そのそれぞれが内側から結びつくような仕方で連関し、等質化されることはありえない(分割されるとそのあり方を変えてしまう。ばらばらにされたメロディーがもはやメロディーではないように)。これが、まさに内包的(intensif)と描かれる事象である。外延的で空間化された位相ではない、あるいはそこには回収されえない内包的な実在こそが、まさに持続である。潜在的とは、そのあり方を指し示す言葉である。

ベルクソンでは、初期の著作において心理的なものの位相を考えるときも(『時間と自由』)、それを心身問題や(『物質と記憶』)、さらには進化論に結びつけていく場面(『創造的進化』)でも、こうした流れとしての潜在性をとりだしていくことが試みの中心になる(潜在的なものが明確に描かれるのは、『物質と記憶』の議論以降のことであったとしても、そうである)。

この場合、流れの実在としての潜在性は、可能性として描かれうるものではない。「可能と実在」の記述に見られるように、流れにおいて、何か新たなものが創造されることが問題なのである。たとえば新しい文学が生みだされ、新たな潮流が形成されたとする。するとひとは、そうした新しいものは、過去に「可能的」に埋め込まれていたもので、そのひとつが実現されたのだと考えやすい。しかしそうした思考において、可能性とは、すでに実現したものを過去に投影することから成り立つものでしかない。ベルクソンはこれを、可能性にまつわる「回顧的」な錯覚と見なしている。つまり可能性とは、すでに過ぎてしまったことを後ろ向きに見直すことによって形成されるだけのものなのである。だがそれは、流れる時間を、流れた後で、空間化して捉えているにすぎない。

ベルクソンは、最初の著作である『時間と自由』の自由の議論において、こうした主張の原型を提示している。自由の議論は、往々にして、複数の選択肢のなかで、いずれを選ぶのかという状況において把握されやすい。だがそれでは、複数の選択肢があらかじめ定まっていて、そのなかで、どれを選ぶのかということに話が切り詰められてしまう。しかしそうした「複数の選択肢」とは、どこで誰が描いたものなのだろうか。それは時間が過ぎ去ってしまって、流れを空間化した後に捉えられるだけのものではないのか。流れている現場とは、つまりそこで自由が見いだされる（ベルクソンの言葉でいえば）「持続」的な場面とは、複数の選択肢そのものも形成される、そうした位相ではないのか。

先の例で考えるならば、芸術や小説で、主流になる流れがあって、その萌芽が過去に見いだされるとしても、それがそこにあったといえるのは、後からのことにすぎないのである。流れていくその現場においては、さまざまな可能性があらかじめ存在しているわけではない。むしろ可能性そのものが、そこで創造されている。

ではそのような、流れのあり方そのものとは何なのか。それは回顧的に見ればさまざまな可能性が埋め込まれているが、それ自身としてはいまだ何であるのかが決定されているわけではないものである。この流れを「かたち」にしてしまえば、それは現在において見えるもの、摑むことのできるものである。だが流れのなかにあるわれわれは、実際にはある「かたち」を形成することのできない流れそのものを、存在するという現場において見抜いている。「かたち」になりはするが、いまだに「かたち」として現出しえないものが、生きているということである。見えるものに潜んでいる見えないもの。そうであるがゆえに、現実が多層的で変化することを、つまり時間的に実在していることを成立させているもの。これが潜在性のモデルである。

するとそこで、この世界の実在は、「かたち」にはなっていない流れ（「潜在性」）と、それが「かたち」になるためのシステム（「現実化」）の問いとして記述されるだろう。いくつもの傾向性を、未決定的な仕方で含んでいるが、それがある種の傾向性として姿を現すこと、この論理を考える試みが、時間のなかでの実在を把捉することの主軸になるだろう。

こうした発想は、ドゥルーズの思考の基本をなすものである。そこでは二つのことがポイントになる。

まず、流れを重視するベルクソンにおいて考えられるべきことは、この図式をとるかぎり、「かたち」として空間化されたもの、すなわち常識的に考えて現在の経験をなしているものは、二次的な実在にすぎないということである。ベルクソンは、過去の方が現在よりも、存在であることの価値が高いと捉えている。現在とは、流れである現実の一断片にほかならない。そこで流れというあり方を重視するかぎり、過去はあらゆる現在と繋がっていて、そうした一断面である現在とは異なった仕方で（まずは潜在的な「記憶」として）実在しているという。

ドゥルーズも、こうした「現在を逃れる」というあり方に徹底的に固執する。ドゥルーズにとって、現在化して、空間的に明晰な「かたち」をとった場面とは、潜在的な力の存在に対して二次的なものにすぎない。この点はまったくベルクソンと同様である。「現在」という場面から存在を考えることは、さまざまな哲学的な難問を、あるいはパラドックスを引き起こしてしまう。「現在」という、空間化され明確化された場面に依存して、世界を思考することはできないし、それでは生成としてのこの世界は把捉できない。このことは、冒頭で述べた、ひとつの「視点」に依存して世界総体は把握しえないという、「俯瞰」そのものを肯定する議論に繫がっている。視点は、ひとつの現在化された位相を特権化するだけなので、それでは潜在的な力の領野は見いだせないのである。

ついで考えるべきことは、とはいえこうした潜在性も、それ自身が現実化していくというプロセスのなかに置かれているということである。そしてこのプロセスこそが、「微分的」な思考の基本になっている。「微分」とは、それ自身は未決定な力の傾向性であるが、それが展開されることによって現実的なもの、すなわち「見えるもの」が形成される、その仕組みを捉えるひとつの技法なのである。

微分の思考はライプニッツによってもたらされた。ライプニッツはモナドに関するその思考とともに、こうして無限小に折りたたまれている世界を展開する方法を見いだした。それはいわば、現在とされるもののなかに、世界が未決定的な仕方でたたみ込まれており、現在自身が、いつも連続性の方向に無限に開かれていることを明示する、そうした発想なのである。

潜在的なものの存在論は、そうした潜在的な未決定性が、微分的に展開（explication）されて現実化するプロセスを辿《たど》るものである。それ自身は、ベルクソンが強く論じたことではないが、ドゥルーズはベルクソンの思考に、独自の差異哲学を見つけだし、なおかつそれを、差異化的なもの（différentiation）の分化（différenciation）の議論として、つまりは微分的なもの（le différentiel）の統合＝積分（l'intégration）のシステムとして描き直していく。そこで、微分に存在論的な立場を与えながら、ベルクソンが捉えた潜在性を存在論化させていくのである。ドゥルーズの初期の議論は、こうした潜在的な存在論を、ベルクソン自身になお残存していた心理学的な、あるいは経験科学に依拠した色合いを払拭して見いだしていく作業として読むことができる。

しかし、ではこうした潜在的なものとは何なのか。あるいは、潜在的なものという事例から、心理的なものを払拭し、それを存在論的な概念としてとりあげ直すためには、さらに何が必要なのか。ここでベルクソニズムのもうひとつのテーマである、「生命」という主題が際だってくる。

†生という主題

潜在的なもののモデルとは何なのか。あるいは「現在」や「現実化」を逃れ、それ自身流れとして捉えられるものとは何なのか。それはいうまでもなく「生命」である。潜在性という概念において、ベルクソンが捉えたかったものとは、何よりも生命とその力であった。

このことは、潜在性から現実性へというプロセスが、生命進化を例とした創造的なものと語られていることからも理解できる。生命的な進化とは、潜在的な実在を論じる上での重要なモデルである。

進化とはまずもって、何がそこで生じてくるのかについて、あらかじめ明確に語ることができないものである。何かが進化し、何らかの生命体とその器官が発生してくる。しかし、そこで進化した当のものが、進化する以前の生命体にあらかじめ含まれていたわけではない。もちろん事態は連続しているから、進化の前後に繋がりはある。しかし進化とは、それ自身が創造的なものである。とくに目的論的な収斂点をもたないどころか、環境に応じて縦横無尽に形態を多様化させていくことが、進化の本質をなしている。そうであるかぎり、それは潜在性が多様に分化し、さまざまな「かたち」をとって実現していくという構図に、きわめて近接している。

もちろん生命の議論は、それ自身としてさまざまな陰影を含んでいる。ベルクソンの議論だけでは、エラン・ヴィタル（生の跳躍）という生命の初発的な形態を、安易に「一者」として想定しすぎるきらいがある。また、それだけでは、そうした「一者」と語られる生命が、個々の存在に個体化していく必然性が巧く説明できない。だから、ベルクソンの生命論をもちだすだけでは、素朴な生命主義との結びつきしか喚起されないということはありうる。そして実をいえば、ドゥルーズ自身も、こうした個体化の問題について、ベルクソンの述べる生命主義を唯物論的な観点から批判し、自分の思考の体系をつくりあげていった経緯がある。だが、こうした事柄は了解したとしても、潜在性のモデルが生命にあったということは、やはりきわめて重要である。

こうした発想は、オートポイエーシス（自己組織化）や内部観測という、現在的な水準での生命科学を捉える思考に、ドゥルーズの議論を結びつける手だてとしての役割を担ってもいる。ドゥルーズは、存在を思考する際に、さまざまな展開の方向性を備えた卵細胞や、あるいは脳のシナプス連関を、その原型として捉えている。それらは、エラン・ヴィタルの議論が含んでいる神秘性や精神性は排除されながらも、きわめて唯物的な水準で、進化し変容していく生命のあり方を見いださせてくれるものである。いわば、二十世紀以降に生命科学や生命の技術が進展し、その最中でいっそう明確なものになった、生命の唯物的なポテンシャリティーに直結している主題である。

生殖細胞や脳細胞は、それ自身未決定性の範型のようなものである。それは、唯物的に述べても、それが何であるのか、何になるのかが判明な存在ではない。だがそれは、まさにさまざまな差異化の力をポテンシャリティーとして含んでいる。そうした力能を生命力と呼ぶのなら、そう呼んでもいいだろう。しかしそれは、いまだ「かたち」ではない。だからそれは、特定の生命体としての「現在」にあるものではないのである。しかしそれらは、まさに環境や場所において「展開」されることによって、何らかの「かたち」に確かになっていく。そうした「かたち」であるものは、いわばいつも新しく、特異的なものである。

ここでの「新しい」という形容詞は、根本的な意味を担っている。生命であるものは、それがもつ潜在性によって、まさに未来に開かれている。それは本質的に開かれているのである。未決定性とは、決してネガティヴなことではない。そこでの未決定性は、中途半端であることを意味しない。未決定的であることは、何か新しいものになりえ、そうした意味において、未来という時間を可能にする、そうしたポジティヴな存在であるということである。生命とは、そうした点において、潜在性の範型なのである。

ドゥルーズは、このような意味での生命を、あらゆる存在するものの基本的なあり方として把握していたようにおもわれる。そこでは、ベルクソンにおいてそうであったような神秘的な生命の「一者性」が問題であるというよりも、むしろ存在するものが、すべて未決定的であり、それゆえ時間的な存在であり、さらにそれを基本として、何かの個体に分化していくことがこの世界のプロセスであるという事情を摑むことが重要なのである。

そのかぎりで、ドゥルーズはどこまでいってもベルクソニアンなのである。

†スピノザとニーチェ

スピノザやニーチェとドゥルーズとの関係については、ベルクソンよりもいささか複雑な事情が入り込む。

この二者について、ドゥルーズは、学術論文としての体裁をとった論考を執筆している。とくに『スピノザと表現の問題』は、博士論文の副論文として提出された、まさしく哲学史的な業績であり、哲学史家としてのドゥルーズにとって意義の深いものである。ニーチェについても、『ニーチェと哲学』という比較的大きな著作を残している。それに加え、この両者について、初心者向けの概説と考えられる本を執筆してもいる（『ニーチェ』『スピノザ——実践の哲学』）。

しかしながら、この二者への対応は、ベルクソンへのケースとは異なっている。どこがであろうか。

ドゥルーズは、ベルクソンの思想を徹頭徹尾自己の概念の枠組みのなかにとり入れておきながら、（むしろそれゆえに）あらゆる場面でベルクソンを批判し、ベルクソンとの距離を置きたがる。ベルクソンは「乗り越え」の対象にほかならないのである。

それに対して、スピノザとニーチェへの評価は、いわば手放しの肯定なのである。先に見たように、ドゥルーズは、（とりわけクロソウスキーを経由して）ニーチェからえられた「永劫回帰」という発想を、自らの時間論の根幹に置いている。スピノザについては、その「内在」という着想が、ドゥルーズ独自の唯物論に結びついて、かなりの影響をもっていたといえる。この両者は、ドゥルーズの思考の根幹にある「一義性」と「内在」というテーマについて、多くの論点を供給しているのである（もうひとりの人物を挙げると、それは中世哲学者のドゥンス・スコトゥスである。しかし、ドゥルーズがどれほどこの中世哲学者のテクストに接していたのかはよく分からない）。それに、何を措いても、ドゥルーズが自らの哲学の形成において、ベルクソンを乗り越える先に見いだすものは、この両者なのである。ベルクソンの純粋記憶論の彼方には、ニーチェの永劫回帰が置かれている。ベルクソン的な差異化-分化システムの根底には、スピノザ・アルトーの影響が強大な「器官なき身体」が露呈されていく。それらはともに、ベルクソン的な差異の発想では視野に収められず、なおかつそれを「超越論的」に支えていくとされる位相である。こうした意味で、ニーチェとスピノザへの賞賛は、まさに手放しであり、いわばドゥルーズの思考が導かれていく最基底部を露呈させるものになっている。

にもかかわらず、この両者へのドゥルーズの接近には、概念の細かな構図を採用するとか、テクストそのものに密着して読解するとかいうよりも、ある種のスローガン性の方が色濃いように感じられる。もちろんドゥルーズは、スピノザについて精緻な哲学史的探求をなしてはいる。だが、自己の理論を前面に押しだして、「内在平面」を提示してくる最後期の議論（『哲学とは何か』等）において、スピノザは端的に哲学者の王、規範とすべき哲学の典型になってしまう。そこではスピノザの個々の議論の検証よりも、一義的で唯物論的な位相を明かしたその存在を引き立てることが何よりも強く主張されている。

さらにいえば、ドゥルーズは、ベルクソンを乗り越える方向性を提示する素材として、この両者を論じておきながら、そうした「向こう側」の記述をさほど明確になしているわけでもない。「永劫回帰」にせよ、「器官なき身体」の質料性にせよ、それは露呈されるべき基底そのものであって、その領域について、何かをいえるものではそもそもないという事情もあるだろう。この点で、こうしたベルクソン的構図を越えた「彼方」をどのように設定するのかについて、ドゥルーズの中期以降の記述に揺れも含まれる。これらの領域が「彼方」であるとしても、それはまさに超越論的な位相をなすのであり、そうした基底を現象化させるならば、再びベルクソン的な装置が要請される側面もある（『シネマ』において等）。

ともあれ、彼らがドゥルーズの哲学のパッションとでもいえるものを触発したことは、紛れもない事実である。そうであるならば、その核心はどこにあったのだろうか。

†哲学のパッション

それは端的にいえば、「超越」の排除であると考えられる。そして、「一義性」の思考の系譜は、「超越」的なものの影を一切もたない存在を描くということに、その試みの軸足を置いているとおもわれる。

ニーチェを論じる文脈で、何よりも目を引くのは、ルサンチマンという悪しき精神・反動的な働きに対しての、嫌悪ともいえる情動＝パッションである。それはドゥルーズの思考そのものを決している。それは「内在」の哲学が、何かの「超越」への「内在」を仮想してしまうことを防ぐための、道徳的情動性の喚起であるともいえる。「内在」とは、逆説的であるのだが、一切の「超越」を除外した上で見いだされる「超越論的」な領野である。しかしこれは何を意味しているのか。

「超越」を規定するのは、つまるところ一神教的な信仰である。西洋思想的にいえば、まさにキリスト教的な装置である。キリスト教と哲学との関係は、あまりに重層的であるが、自由主義的な発想が、原理的にも内実的にもキリスト教的な道徳への反発に支えられて形成されたことは確かである。リベルタンであれ、二十世紀のフーコーであれ、彼らが行動と思想を結びつけたとき、そこにはキリスト教に対する反発がつねにあった。フーコーが、近代的な社会の管理性を検討するときに、遥かに遡った淵源に見いだされるのは、キリスト教的な牧人司祭システムである。そして、ドゥルーズやドゥルーズ＝ガタリの論脈になれば、それは国家や国家体制を支える超コード化のひとつの端緒として際だたせられていく。『千のプラトー』で描かれるように、超コード化された場面を支える基本は、「キリストの顔」なのである。

キリスト教は紛れもなく世界宗教である。キリスト教は、「一者」の「超越」によって、すべてを支えるという特権的なアイデアを導入することで、世界を覆いつくす。すべてのひとの罪と痛みとを引き受ける特定の対象を「超越」として仮想することで、世界のあらゆる正義と、世界のあらゆる他者への愛と、世界のあらゆる公平性を担保する装置を生みだしてしまう。それは本質的には、全世界の西洋化と全世界のグローバル化（資本主義化）に寄り添っている。

ニーチェとスピノザが、アンチクリストとして、そして哲学者の王として引き立てられるのは、彼らの提示するアイデアが、そうした超越に依拠して描かれるさまざまな知と倫理の体系に、真っ向から異議を申し立てるからである。超越を引き受ける体制は、それ自身が、同一性の基準を設定してしまう。カント的な構図で語るならば、自我・世界・神という三つの事象は、三位一体的なシステムを形成しながら、同一的なるものを発動させるのである。そこで同一性に到達しえない場面では、失われた同一性の回復や、見いだされない自分を探す行為が延々と繰り返される。それはキリストを捜す作業であるのだが、そんなものはこの世のどこにも存在しない(「顔」はどこにでもあり、どこにもないものである)。しかしそれは、同一性から排除された者の「恨み」を、特殊な駆動力として発揮させてしまう。「恨み辛み」によって生きること、それがルサンチマンであるのだが、こうしたルサンチマンは、「超越」にその身分を仮託するような、同一性を固持する思考に固有なものである。

ルサンチマンの装置が突き動かすのは、まさにヒエラルキーと弁証法である。ヒエラルキーは、この世界の存在者を、超越との近さと遠さによって序列づける。あるいはまさにアナロジー的な論理によって位置を指定する。頂点である超越に接近することはありえないのだが、そこではつねに不在の頂点との距離感によって、自らの位置が測定されてしまう。自らが何であるかは、問いの対象にならない。自分が何かから遠いことだけが、関心の軸でありつづける。その行為が、つねに不調に終わることを運命づけられていることはいうまでもない。

これはどこかで、まさにグローバルなリベラル競争の原型であるようにもおもえる。リベラル社会における個人は、そのすべての力能において、そのすべての個性を発揮し、他者と公平かつ厳正な競争をおこなって財の分配をなさなければならない。すべての標語は、正義と公正性と自己努力になる。他者への責任と自己の責任、この怯えに充ちた小人の試みを、ニーチェが憎悪の対象としていたことは改めて述べるまでもない。こうした思考をとるかぎり、われわれはどこまでいっても欠如の主体なのである。そこでわれわれは、良心を生きなければならなくなる。われわれの責任を生きつづけなければならなくなる。それは無限に繰り返される、自己否定の作業である。

弁証法は、こうしたヒエラルキー的な発想を補完するものである。それは、否定性と自己の乗り越えとを範型とするかぎり、悪しき仕組みでしかない。弁証法そのものは開かれた装置であるといわれるかもしれない。確かにその通りであろうが、弁証法の中心は自己の否定である。「開かれた」という形容詞はこの場合、自己否定の無限の連鎖にしか関わらない。だからそれは、ヒエラルキー的なシステムが、どこまでも進んでいくことを補完するものでしかない。

ドゥルーズが、ニーチェとスピノザから獲得したものは、ヒエラルキーのない、そしてそこで働く否定性の影もない、自己肯定的な空間の開示である。それは、頑迷に自己中心性を確保した上で、それを開き直って肯定するものではない。自己が自己であることそのものを、自己中心性なく肯定することである。どうしてそんなことが可能なのか。それは、こうした自己は、自己であることの内側に、他なるものとの繫がりを、それ自身の連続性として秘めているからである（まさにバロック的な発想である）。自己は孤立した空間の内部に、自己だけが住まう領域として存在するのではない。だからそこでは、自己がありながら自己中心性がない。あるいは自己を何かの基準とともに、そこに到達しえないルサンチマンによって追求する必要がない。

こうした自己肯定的な空間が「一義性」と名指されるものそのものである。「一義性」とは、後期のドゥルーズでは、「平滑空間」として、あるいは「リゾーム」として描かれるものであるのだが、それは『差異と反復』の概念装置において、何よりもヒエラルキーなき空間として押さえられている。一義性とは、階層性のない、バロック的多孔空間のことである。一義性とは、中心がないことによって、あらゆる場面が均しく分散した中心をなしている空間性のあり方である。そうしたヒエラルキーのなさが肯定され、自己がそこに位置づけられることが重要である。そこでは、すべてがその特異性において肯定されるという倫理が際だってくる。

それはスピノザ的な意味での「内在」であり、徹底した「内在」への内属なのである。最も逆説的なことであるが、それこそが徹底した「外」を形成する。何の基準にも一致しないかぎりでの「外」に「内在」していること。

このように見いだされた一義性や内在性の空間とは、それ自身何であるのか。それはまさに、「自然」という名で呼ばれるものではないのか。自然であること、自然のなかに存在しつづけること、それが、超越的な一神教の発想を根底的に拒絶する、肯定的な思考の本性である。その点でスピノザが、無神論的な唯物論者といわれたこと、ニーチェの永劫回帰が、一種の物理学的な思考と一致する相をもっていること（永劫回帰は端的な一回きりの直線である）、これらは繫がりをもつだろう。唯物的で、物質的で、しかしそれ自身が時間的な開かれのなかでさまざまなものに変化する自然。こうした自然の肯定性を、ドゥルーズは世界への「信」と呼んでもいる。世界があることを信じること。それはヒエラルキー的に設定される超越を見いだすのではなく、内在的で唯物的なこの生を、そのままに受け入れることを意味している。

この点で、ニーチェやスピノザからドゥルーズが獲得したものは、ベルクソンの議論からとりだされる生命の主題とかなりの部分で折り重なっている。これらの論者はともに、意識的な自己同一性が発動される以前に作動している自然のあり方に、決定的な思想的意義を見いだしているのだから。

しかしながら、ベルクソンは初期においてあくまでも、乗り越えるべき対象としてしか語られていなかった。それは何故だろうか。

まったく暫定的に述べてしまえば、それはベルクソンの潜在性の思考が、あまりに「一者」に依存しすぎていることに関連している。その「一者」には、精神性がどこかで付与されてしまう。しかしドゥルーズはこうしたベルクソンの思考を、あくまでも唯物的な拡散という方向から、そしてそこからとりだされる「絶対的な差異」の側から捉えたかったのである。そうした「絶対的な差異」の唯物論性を、ドゥルーズはスピノザやニーチェから獲得してきたのではないか。

この点は、ドゥルーズが自らの思考を、「超越論的経験論」と名指すことに深く関わっている。ベルクソンの「純粋記憶」の思考を、あくまでも、現在的な同一性との循環形態として批判し、そこから溢れだすような存在の分散が露呈される位相へとシフトしていくことに繋がっている。それがベルクソンに対して正当な振る舞いであったかどうかは、とりあえずドゥルーズ前期の議論しか扱わないこの書物では措かざるをえない。

第三章

『差異と反復』——ドゥルーズ・システム論

多産な六十年代後半に入る。そこでドゥルーズは、それまでの哲学史的な検討の成果を伸び広げるように、自らの前期の主著を発表している。『差異と反復』『意味の論理学』の二冊である。

†二つの主著

この二冊の構成は対照的である。『差異と反復』は、そもそも博士論文として執筆された論考であり、五章からなるその構成は、ドゥルーズ自身の哲学の方法や時間論を踏まえながら、差異－分化システムそのものの記述に到り、個体を巡る諸問題に集約されていく。「差異」によって形成される潜在性の存在論が、十全に、その構成上のあり方に即して描かれるのである。実際には、第二章の時間論の記述上の（精神分析概念を入れ込んだ）反復や、第三章の描き方（そこには『意味の論理学』に重なる内容がかなり折り込まれている）には、相当の逸脱が含まれているが、その意義はここでは措く。

しかし、著された時期はほぼ重なっている『意味の論理学』では、そのスタイルも、論述の内容もかなり異なっている。セリーの連鎖によってなされるその記述は、哲学的な著作としてはいささか異様なものであり、むしろさまざまな現代文学や芸術的な試みとの類縁性を感じさせる。主題的にも、身体からの言語の成立を軸にしながら、扱っているテーマは、ひとつにはルイス・キャロルとそこでの言語のパラドックスであり、もうひとつはアルトー的な身体と分裂症としての生である。また『意味の論理学』には、その補遺として、プラトニズムやルクレティウスに関する哲学小論考と、文学を主題にした三つの文章（クロソウスキー・トゥルニエ・ゾラについての各論）が付加されている。それらは、この書物の特徴をなしている。

だが、この二つの書物は、ドゥルーズの議論をシステム論として捉えたときに、スタイルや個別のテーマがというわけではなく、それらが見据えようとしている記述システムそのものが微妙に異なっていることに留意せざるをえない。『差異と反復』は、ドゥルーズがこの書物のなかでも僅かに利用する言葉を使って述べるならば、「静的発生」（genèse statique）を描くものである。静的発生とは、「動的発生」（genèse dynamique）と対になる概念である。そしてこの二つの概念は、「発生」を巡る議論を展開させるという意味からも、前期ドゥルーズの思考の根幹を押さえるものと述べることができる。それは何を意味しているのだろうか。

この二つの書物は「発生」を論じるものである。これ自身、ドゥルーズの「哲学」のプログラムを規定してもいる。「発生」というアイデアは、存在そのものである不定体（それを生命と述べても、物質的な質料性と考えても構わない）が、何らかの契機を経て、存在者に自己形成していくルートを辿るものである。見えない存在の本質があり、それが何かのモメントを経て、見えるもの（現象）になっていく、そのロジックを明確にするものである。

考えてみれば、これは二十世紀初頭に現象学がなしてきたことに非常に近い。フッサールは、超越論的領野からの現象的な形成や、そしてその底部に横たわる「受動的発生」の解明というプログラムを、自らの思考の軸に置いていた。ドゥルーズ自身も、『差異と反復』の時間論では時間の「受動的総合」を論じ、『意味の論理学』では、サルトル的な意味での非人称性の記述に重きを置きながら、「超越論的領野」からの発生を描いていく。そのスタイルは、どう見たところで現象学的な発生論に近接している。

さらにいえば、差異という問題系の根幹には、ハイデガーの論じる存在と存在者との差異という存在論的差異の発想が入り込んでいることも、紛れもない事実である。賛否は問わないとしても、アラン・バディウなど、ハイデガー的な存在論と、ドゥルーズの議論との近さを強調する論者もいる。それに一種の正当性があることも事実である。ドゥルーズは明らかに存在からの存在者の「発生論」を描いていたのである。それは存在と現象という二元的な存在発生論を、ベルクソン的なタームを駆使しながら、差異の空間から個体への力動的展開という、明確な道筋のもとにとりだしてみせるものである。

しかし中期以降のドゥルーズの議論のなかで、こうした「発生」というプログラムは廃棄される。そして、この本の末尾で若干触れようとおもうが、ドゥルーズが、ガタリとの共著のなかで「機械」概念を重視しはじめるとき（「機械」という言葉の利用は、『意味の論理学』にも見いだせる）、そこで問題であったのは、「発生」の構図そのものを放棄することではないかと考えられる。機械とは、内側にさまざまに連鎖していくアジャンスマン（組み合わせ）として作動する。しかしそれは、現象の発生に向かうものではない。

こうした発生論の放棄については、ドゥルーズと「哲学」、あるいは中期のガタリとの著述の意義を問うことに深く関わっている。だがさしあたり考えるべきことは、この時期のドゥルーズが、きわめてオーソドックスな哲学の展開としての「発生」を論じることに、その作業の主眼を置いていたということである。

しかしここで、『差異と反復』と『意味の論理学』とのあいだにも、差異線が引かれなければならない。それは「静的」と「動的」という区分に関わるものである。科学論的・熱力学的なタームから採用されている、「静的」と「動的」というこの区分が、はっきり対比的に示されるのは、『意味の論理学』においてである。『差異と反復』では、それが明確にされないままに、内容的には「静的発生」に重点を置いた記述が繰り広げられる。

いささかモディフィケーションしながら述べてみよう。ドゥルーズの主著の探求領域は、三つの階層から成立している。それらは、『意味の論理学』の言葉を利用すれば、深層・表層・高所とトポロジックに描かれる三つの位相である。それは『差異と反復』にも、いささか複雑な照応をもちながら、折り重なるようにも見える（以下で述べるように、「深層」をどこに設定するのかが問題である）。そこで「静的発生」とは、表層から高所の形成、「超越論的領野」から個々の現象（『意味の論理学』では器官化された身体や分節化された言語そのものの構成）に該当する。それは、『差異と反復』のプログラムの多くを占める、「理念」からの「差異化－分化」的な働きとほぼ重なっている。『差異と反復』の「個体論」は、「静的生成」にほかならないということである。

もちろん、「第三の時間」を挙げるまでもなく、『意味の論理学』で深層と語られている領域（「一次的秩序」）は、『差異と反復』のそこここに顔を覗かせる。第四章でのアルトーやマラルメにおける、身体や「賽《さい》の一振り」の議論、あるいはそこで問われている「根源的な始点」、さらには第五章の差異化と分化の記述でのスパティウムという力動的空間性の提示は、そもそも深層にきわめて接近したテーマである。しかし『差異と反復』は、それを前提としながらも、あえて現象化の位相こそにスポットを当てている。いわばベルクソン的な図式にかなり忠実なあり方をとっているのである。

ところが『意味の論理学』ははっきりと、「静的発生」と「動的発生」との記述を対立させていく。前者がキャロルのパラドックス、いわば意味を言語の水準に引き戻した際に現れる意義＝意味作用（signification）のパラドックスから導かれるのに対し、後者は意味（sens）のパラドックス、ノマド的空間の配分そのもののパラドックスを露呈させている。これは明確に深層の身体、その分裂症的な様態から、言語の発生論を捉えようとするものである。表層ではない深層からの生成論が、身体からの言語の発生を範型にしながら、描かれるのである。こうした「動的発生」を巡る記述は、『差異と反復』には単純に欠落しているようにおもわれる。

何故だろうか。これにもいろいろな解答があるとおもわれるが、ひとつにはもちろん、議論の主題そのものの違いがある。「意味」の問題系は、あるいはそれに関わる言語論や構造主義との連関は、さまざまな箇所で論じられるのだが（たとえば『差異と反復』の第三章を参照のこと）、それは『差異と反復』の直接のテーマではない。またアルトー的な身体や分裂症に仮託させて語られる質料性の記述もさしてなされない。『差異と反復』は、その「哲学」のプログラムの開示と、生命の差異化－分化として定式化される一般的な存在システム論を描くという方向に急なのである。

システムの総体を描くという方向性がきわめて強固であったために、この書物は、ドゥルーズ自身の重要なテーマである深層について、あるいは深層を深層としてそのままに露呈させることの不可能性について、またはその水準でのパラドックスについて、あまり踏み込めない構成になっている。そこから考えるに、この書物のポジティヴな貢献は、つぎの二つにまとめられるべきだろう。

ひとつはそこで、ドゥルーズ自身の「哲学」のプログラムが明らかにされたことである。もうひとつは、そこで示される一般存在論のシステム性の素描がなされたことである。そうして、差異と反復からなる世界一般のシステム性が記述されている。

以下では、この二つの事象を中心に、『差異と反復』の記述を見ていこう。

†反表象主義の哲学

まず考えるべきことは、『差異と反復』が、何を「哲学」として捉えていたのかということである。それはひとことでいえば、差異をポジティヴなものとしてとりだすことである。差異こそが、この世界を作りあげている要素であると述べることである。しかし、そのためには、何をすればいいのか。

この点において、この書物でのドゥルーズの戦略は明快である。差異は「表象＝再現前化」(représentation) というシステムに従属しないものとしてとりだされるのである。「表象＝再現前化」というシステムが、差異を二次的なものとなし、否定的なものに押し込めてしまう。差異は、それとは異なるものとして見いだされなければならない。

では「表象」とは何か。それには、つぎのようなはっきりとした規定がある。「表象」は、「同一性」「アナロジー」「対立」「類似」という論理にしたがって作動するものである。それゆえ、差異である存在は、こうした四つのあり方に捕らわれない仕方で見いだされるべきになる。

「同一性」は「未規定な概念の形式」としてとりだされる。それは「同一」であることを基準として、事象を思考することの根本にあるものである。「アナロジー」という「規定可能な諸概念間の関係」は、先のヒエラルキー的な思考に通じるものだろう。それは同一性を前提として、存在をヒエラルキーとして構成するものである。「対立」という「概念内部の諸規定」の関係とは、まさに弁証法的な議論において見いだされる。そして「類似」という「規定された対象」におけるものは、やはり一種の序列性において存在を思考する議論に適したものである。規定性（détermination）とは、差異を顕在化させていく過程において、未規定な存在がいかに規定可能性を受け、規定されたものになるのかという、存在そのものの存在者化において主軸をなしている。これら四つのあり方は、そのなかで位置を得ているものである。

ドゥルーズがここで念頭に置いているのは、アリストテレス的な種差の論理学である。

つまり、個々の存在者が何らかの本質に従属しながら、そこに種的な差異を見いだすことによって、それぞれの個体が捉えられるという発想である。ドゥルーズはアリストテレス的な議論からも「類的」な差異の意義を引きだし、自らの「一義性」の発想に接近しようとするのだが、アリストテレスにおいてはこのあいだの相違も、やはり種的な差異に還元されてしまう。こうした「表象」の形成は、「同一性」が「概念」に、「アナロジー」が「判断」に、対立が「述語」に、そして「類似」が「知覚」に連関させられて整理される。そこで、本質からのヒエラルキーによって秩序づけられたイマージュは、差異を否定的なものと捉える代表的な仕方である。そうしたアリストテレス的な世界観が、西洋哲学に、根底的な影響力を及ぼしているのである。

しかし、同時にここで想起しなければならないのは、むしろほぼ同時代に著されたフーコーの『言葉と物』における「古典主義時代」の記述ではないか。

そこでフーコーは、十七世紀的な思考空間を、やはり「表象」というキーワードにしたがって読み解き、そこで同一性を主軸とした設定を、ドゥルーズとパラレルな仕方で辿っている。フーコーの議論では、「表象」はむしろ近代の位相において見いだされるものにほかならない。ある種の時代性の限定は、ドゥルーズよりも明確である。そしてさらにフーコーは、近代という時代に依拠することによって、もうひとつの重要な視角を導入している。それは「有限」と「無限」というテーマである。

近代の発端は、コギト的な自己同一性の地盤が見いだされるとともに、それが神において設定される「無限者」との関連に置かれるということにある。デカルト的なコギトが、一般的には意識における自己同一性の哲学を形成しながらも（そしてそれを支えにして、「表象」としての世界を描く原理を見いだしつつも）、それはつねに「無限者」としての神に保証されるというロジックをもっている。表象の空間とは、有限性において無限性が、適切に配分された空間であるといえるだろう。だからそこでは、それ以降の時代において、有限と無限とが不安定な体制のなかに置かれることとは異なり、ある種の静謐《せいひつ》な調和が語られる（フーコーの議論では、十八世紀のカント的な人間学においては、有限者が根拠なく宙づりにされる、実存的な空間が、不安とともに析出される）。

そうした、有限と無限とが調和のもとにあることを、ドゥルーズは「表象」そのものにつきまとう「有機的（organique）なもの」として捉えている。デカルト的な意味で、外延性によって秩序化された世界は、つねに同一性によって担保されるかぎりで「有機的」な「表象」を形成するというのである。

ここで、まさにフーコーとパラレルな議論が見いだされる。つまりそうした「表象」において、そこで「有限者」に収まりきらない「無限」をどう処理するのかという問いがつねにつきまとってくるのである。「無限」をそれ自身として現出させると、「表象」は、その根幹がぐらつかされてしまう。フーコーであれば、まさに無限としての表象に、超越論的な主体を実体として設定しなければならない十八世紀的な展開への道筋が見てとられることになる。だがドゥルーズにおいて、その議論の方向性は、端的に「表象」を崩すものへと向けられていく。

つまり、種差やそれが形成するヒエラルキーによって「有機的」とされていた「同一性」に、「無限」そのものが、異質的な要素として入り込むのである。ここで「無限」は「有機的」なものを酔わせる、オルジック（orgique）なものとして描かれることになる。

このことは、「表象」を解体し、差異をそのポジティヴなあり方に即して見いだそうとする場面で、二つの方向性を指し示してくる。ひとつは「無限」が「無限大」として現れてくる場面であり、それにはヘーゲルのケースが該当する。もうひとつは「無限」が「無限小」として見いだされる場面であり、まさにライプニッツ的な探求が問題になってくる。

†表象を酔わせる無限

上述の四つのあり方によって支えられていた有機的な「表象」のシステムが、二つの無限によって崩壊させられていく。アリストテレス的な種差の論理学は、「表象」システムの同一性を基本とするために、こうした無限が秩序を酔わせる契機を勘定に入れていない。しかし十七世紀的な表象の空間を打ち破るのは、そうした「表象」がそもそも前提としている「有限」と「無限」の調和性のなかに、「無限」そのものが介在してくる不気味さである。「無限大」と「無限小」とが「表象」のなかに入り込んでくるならば、そこで種的な差異としてのヒエラルキー空間が、そこでの同一性のあり方が、オルジックに歪むことになる。この歪みをどう引き受けるのかが、アリストテレス的な分類の学、差異を否定的に見いだしてしまう種差の論理に対抗する、決定的なポイントをなしているのである。

「表象が自らの内に無限を発見するとき、その表象は、もはや有機的なものとしてではなく、オルジックな表象として現れる。そのような表象は、自らの内に、見せかけの平穏さの下に潜む、あるいは有機化されたものの諸限界の下に潜む、喧噪、不安、そして情念を再発見する」(DR 61)。

無限の発見とその処理が、近代から現代に繋がる思想的なシーンを規定していることは明らかである。その根本的な焦点は、まさに十九世紀の数学における無限論の進展にある。現代的思考における自己根拠性の喪失が語られるのは、有限的な自己が無限な神に支えられるという図式が壊れて、有限者が無限そのもののなかに、自らの位相なく宙づりにされているほかはないと気がついた途端、有限者が無限のなかに位置をなくして酔いはじめることによる。

それはそもそも、エックハルトやニコラウス・クザーヌスや西田幾多郎が見ていた、無限者の無底のなかに、自らが投げ込まれていることの自覚や不安と同質の事態である。しかし西洋近代は、概念の思考という枠組みにおいて、こうした無限を有限のなかでいかに処理するかを思念した。一種の宗教的体験としてしか描けなかったこうした生の根底を、論理的に示すという意義を、十九世紀の無限論は負っている。ちなみに西田幾多郎は、こうした数学的な思考と生の記述の様式とを、直接的に繋ごうとしてある程度成功している希有《けう》な例である。ドゥルーズの、有限を酔わせる無限という発想も、こうした流れのひとつであることは確かであるだろう。

これは、パスカル的な無限の空間を前にした驚きとは根本的に異なっている。パスカル的な無限や、あるいはパスカルの計算による賭けは、ドゥルーズからすれば、もっとも批判されるべき対象でしかない。何故ならそこでは、有限者はおののいているように見えて、実はおののいてはいないからである。無限はまさしく、有限者の前に立てられた（表象させられた）だけであり、無限はそれを計算する対象にしかなっていない。しかしドゥルーズ（あるいはエックハルトやクザーヌスや西田などのバロック哲学）において問われているのは、有限者それ自身がはらんでいる無限である。無限は、それに「直面」するものではない。自らが無限のなかにある。それゆえ自らであることには底がない。

†ヘーゲルとライプニッツ

さて、「有限者」のなかにある「無限」を論理化する装置を見いだしたのは、紛れもなくヘーゲルとライプニッツである。この両者は、「無限大」と「無限小」が、「有限」の内側に入り込み、それを揺るがしてしまう事情を的確に見つめていた。そしてそれぞれの方法論で、内側に入り込む無限を処理しようとしたのである。

ヘーゲルから見てみよう。ヘーゲルの「矛盾」(contradiction)の方法は、「無限大」の概念へと到るための方途であった。それは、ドゥルーズが描いたような「対立」や、それと連関する弁証法的な装置の代表をなすものである。そこでヘーゲルは、「相対的ではない」「絶対的な最大」を探求する方法として、「矛盾」の議論を採用する。

「アリストテレスと同様、ヘーゲルも、差異を、極限的なものどうしの、あるいは反対のものどうしの対立として定義している。ところが、そうした対立は無限にまで行き着かないかぎり、抽象的なものにとどまり、そして無限は、有限な諸対立の外で定立されるたびに、抽象的なものにとどまる」(DR 64)。

こうしてヘーゲルが導入するのは、「神学的な無限大」「それより大きなものが考えられ

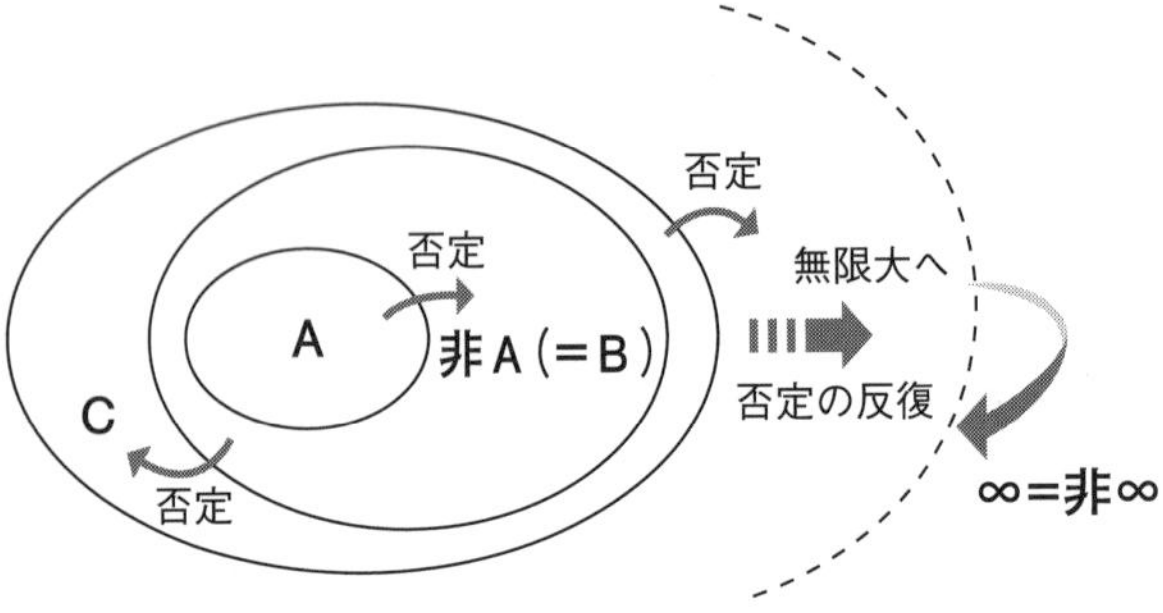

ヘーゲル的な無限大

ない無限大」なのである。カントにおいては「崇高」という別の文脈で処理されるこうした「無限大」が、ヘーゲルにおいては「矛盾」として捉えられていく。

　これに対してライプニッツは、「無限小」を思考する。それは有限のなかに、無限小の微細な空間を見いだしていくものである。

「ヘーゲルが静謐な表象のなかに、無限大の酩酊と不安を見いだしているとすれば、ライプニッツは、有限で明晰な観念のなかに、無限の不安を見いだしているのであって、この不安たるや、酩酊、眩暈《めまい》、失神、さらには死からさえもつくられているのである」(DR 65)。

　それは、数学的な「微分」によって示される無限小のあり方に繋がっていく。

　そこで「表象」がオルジックになると描かれるのは、以下の手続きによっている。ヘーゲルは、「類」という「本質的」なものから出発し、無限が「類」に分裂をもたらすと主張する。無限大を見いだすことは、部分において全体を含むことであるのだから、「類という本質的なものは、他なるものを本質において含む」。本質はそこで解体される。

しかしライプニッツにおいては逆に「非本質的」なものから出発する。そこでは「運動から、不等なものから、異なるものから」出発するのである。それは、ヘーゲルのように、他なるものを本質において含むのではなく、事例（ケース）において含んでいるのである。つまり、本質において他なるものが含まれるヘーゲル的な「矛盾」ではなく、現象的事例において不等なものが存在し、そうした非本質的なものから本質への「収束」が探られることになる。これは、「矛盾」に対して、「副次的矛盾」（vice-diction）と呼ばれる方法を形成する。

「副次的矛盾」の方法は、ドゥルーズ自身の「微分」的思考を捉えるときの、ひとつの軸をなしている。それは、差異と連続性からなる世界において、共可能性と不可識別者同一の原理によって、差異のなかで事象の収束する先を指し示すものであるのだから。

さてこの両者に、ドゥルーズはどのような評価を下しているのだろうか。それは形式的にいえば単純なものである。ドゥルーズは、こうした無限を導入する思考は、表象を酩酊させるものでありながら、しかしそこではなお「同一性」やその「根拠」が残存している

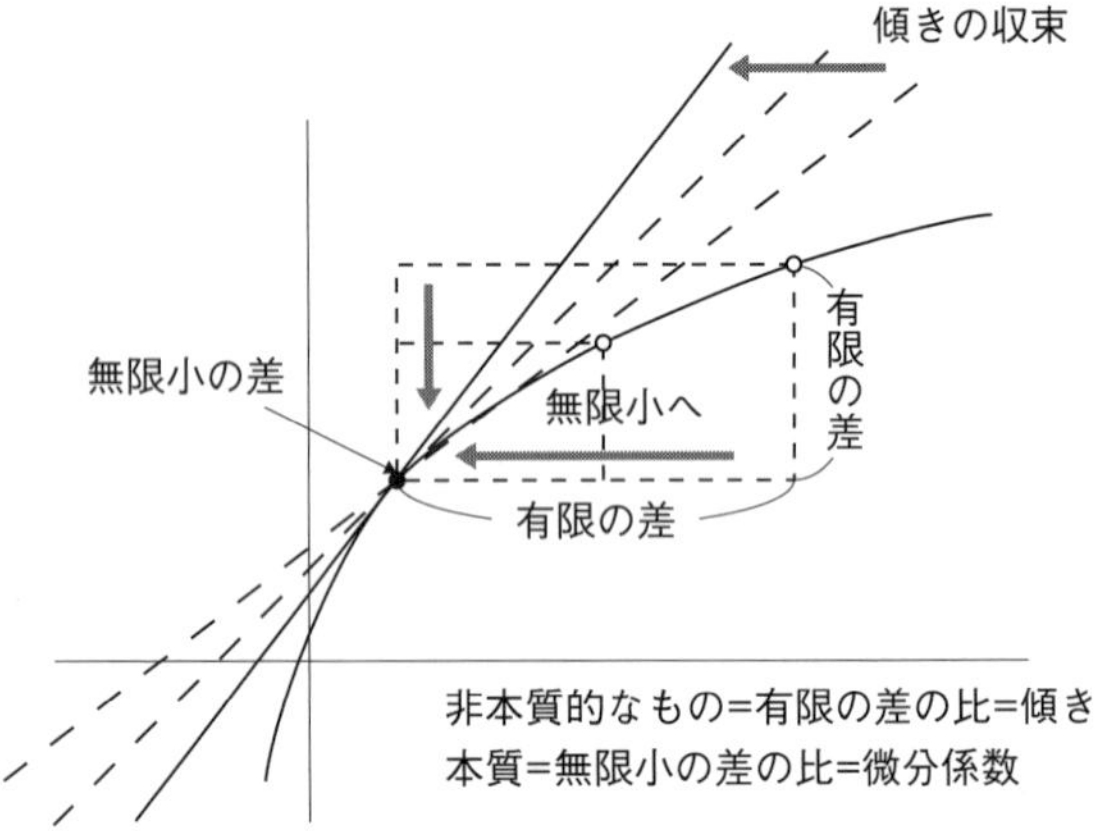

ライプニッツ的な無限小

と批判するのである。「だからこそ、無限な表象は、ライプニッツにおいては、もろもろのセリーの収束という条件にしたがっているのであり、ヘーゲルにおいては、もろもろの円環の同心円化という条件にしたがっているのである」(DR 70)。そうであるがゆえに「いずれの場合でも、充足理由が、根拠が、無限を通じて遂行するのは、同一的なものをその同一性において現実存在するように仕向けることだけである」(DR 70)。

　ここにはさまざまなテーマが含まれている。「表象」を「無限」によって酩酊させる試みは、「表象」の「同一性」からの離脱として、一定の意味をもっていた。しかしそれでも、そこでの「無限」は、同一性そのものの「現実存在」化に向かって、つまりはその「実現」に集約されるように作動してしまう。それは「根拠」でありつづける。だからそれは、「表象」の場面を完全に解体する位相には立ち到っていない。したがって、ここでドゥルーズは、この両者のあり方を越えて、「無限」が「同一性」にも「根拠」にも依拠しない、別の場面を探っていくことになる。

いわばそれが、ドゥルーズ哲学の方法の、基本的な方向性をなしているといえる。

しかしそこでは、いくつかの含みを考えなければならない。もちろんここで、ヘーゲルの「矛盾」とライプニッツの「副次的矛盾」とは、結局のところ「表象」の「同一性」の外部には辿りつけない思考として批判される。だが、逆にいえば、こうした方途は、ここから外にでる思考が、この両者が導き入れた方法を引き延ばすことによってしかえられないことを明確にしてもいる。

そこでは「矛盾」という、最終的に否定性を残存させるヘーゲル的な思考は、とりわけ強く批判される。しかし、この後の論脈でドゥルーズが、自らの思考のアイデアをとりだしてくるのは、カント・ヘルダーリン・ニーチェといった、ドイツ観念論の世界をとり巻くひとびとからである。また、現代フランス哲学の文脈に引きつけ直せば、バタイユなどヘーゲル的な無限大に強く結びついた発想が、ドゥルーズ固有の論脈で捉え直されていることは、繰り返すまでもない。

さらにライプニッツについては、なおさら異なった事情がある。確かに「表象」批判の文脈における「副次的矛盾」の議論は、最終的には否定的に捉えられるものであった。だが、「微分」の思考を自己の方法論とするドゥルーズにとって、無限小の襞《ひだ》を追求するライプニッツの「副次的矛盾」は、たんに切り捨てられるべきものではない。この主題に関する評価そのものが、『差異と反復』の結論部では、肯定的に変化してもいる。総体として見ても、ライプニッツについては、その同一性に収束していく共可能性の論理を、共不可能性の方に変容させ、ドゥルーズが自分の方法として換骨奪胎していくという色彩が強い。これは『差異と反復』においても『意味の論理学』においても、そこでの「静的発生」を探る際の基本的な図式として働いている。

では、問題は何か。それはむしろ、現象が形成されるときに、両者ともに根拠をもった「現実存在」を、いわば目的論的な先端として保持してしまっていることにあるのではないか。同一性は、同一的なものが実現することを基盤とした思考を展開する（それが根拠である）。しかし無限による酩酊化もなお、そこでの実現が目的論的に必要とされる仕方で同一性を逃れられないならば、そこではさらに何が必要なのだろうか。

こうした論脈において、時間の問いが要請される。永劫回帰の時間、現在－永遠という二つの事象が背中あわせに張りついている時間、実現しない時間が、無限に関する上記の問題と深く繋がりながら提示されることになる。

†差異と反復の時間

「表象」という「同一性」に支配されたヒエラルキー空間を脱すること、そこで、そうした同一性そのものを脅かす「無限」の存在（言い換えれば、「自然」の存在）を、あくまでも「同一性」の側に回収されない、そのままの仕方でとりだすこと、これがドゥルーズの課題になる。

こうした事態を描く軸になるのは、「時間」についての思考である。時間の受動的総合として記述されていく『差異と反復』の第二章が、この書物全体を支えるような役割を担っている。

時間論において目指されるのは、「第三の時間」において示される「永劫回帰」の時間にほかならない。こうしたアイデアは、紛れもなくニーチェからとられているのだが、そこでの永遠性の解釈は、常識的にこの言葉に付されている同一者の繰り返しというものではない。それは、同一性を解体する無限な直線、空虚な形式性でしかない時間の直線を問題とするものである。それはいわば、先にとりあげたヘーゲルの無限大の議論を、「表象」に回収されない仕方で描きだす究極的な試みであるともいえるだろう。この時間は、永遠性そのものを視野に入れている。

この「第三の時間」の議論は、ドゥルーズの思考を捉えるうえで根幹的な役割を担っている。まずこの時間は（「第三の」という形容詞からも明確なように）「第一の時間」（生ける現在）、「第二の時間」（純粋過去）を越えた、未来としての時間性を扱うものである。だがそれは、その前の二つの時間が「経験」や「同一性」に依拠することから逃れられないことに対して、まったくの「超越論的」な時間として描かれる。この時間こそが、ドゥルーズの「超越論的経験論」を支えるものになっている。それゆえ、方法論的にもこの時間の提示は重要である。

だがそれだけではない。この時間を背景にした「永遠性」―「現在」という対比そのものが、ドゥルーズの述べる意味で、差異と反復としての、シミュラークルとしてのこの世界を描く基本になっているのである。ヘーゲル的な仕方で、本質に非本質が入り込み、無限の同心円が描かれるのでもなく、ライプニッツ的な仕方で、非本質の場面に本質が収束し、何らかの共可能性が現出するのでもない。あくまでも分散し、同一のものには収束しないこの世界を描くことが、ここでのポイントになっているのである。知覚しえないものであり、生成しつつあるもの。この世界のそうしたあり方を捉えるために、この時間論は見いだされるのである。

これも繰り返しになるが、こうした時間観は、宗教的ニュアンスが濃い西田幾多郎の「永遠の今の自己限定」や、そこで永遠と現在とがあわせ鏡になった位相が示される、バロック的な自己－世界のあり方に近い。しかしそれは同時に、ドゥルーズ的な文脈では、まさに資本やそこでの商品の流れ、テクノロジーやそれに連関した映像装置、自然史的（地質学的・地理学的・環境論的）な条件性のなかにある身体とその生態系性、こういった唯物的な事情にダイレクトに連続させられるものでもある。

もちろんこれらは、ドゥルーズ＝ガタリによって語られる後期の主題である。だが生態学的・資本主義的・世界史的歴史性を総覧して視野に収めるこうした議論は、『差異と反復』における、哲学的な視角から描かれた時間の記述にこそ裏打ちされている。生成と変化を肯定するこの時間は、差異と反復としての生を描ききるものである（この議論が、生命的自然や資本的貨幣にとってどのような意味をもつのか、あるいは多少なりとも意識的に形成される政治的意識に対してどのような役割をもつのか、さらには一種の永続革命を思考するような歴史観に、あるいはベンヤミン的なメシアなきメシアニズムという歴史性の議論に、どの程度連関するのか、それらはさらに問われるべきであるだろう）。

以上の諸点を考慮しながら、まずは「第一の時間」と「第二の時間」について見ていこう。

「第一の時間」は現在の時間である。それは現象学的な意味での「生ける現在」である。われわれが何かの能動的な総合を意識的になすときに、それに依拠しなければならない時間、いわば主体の時間そのものである。その意味でこの時間は、基盤（fondation）の時間なのである。この時間は意識化されたひとつの場面を（まさに現在という定点を）設定する時間なので、それ自身同一的な中心性を生みだすものであるといえる。それは繰り返されるこの今を形成しつづける。

とはいえこの時間が、たんなる差異なき反復の時間であるかといえば、そうではない。ドゥルーズはこの時間に、習慣化（ヒューム）や縮約（ベルクソン）といった、身体的な時間の流れにとって不可欠な、さまざまな役割を付してもいる。現在という中心性が設定されるのは、同一性の拠点になりつつも、それが「差異なき反復」としての働きをなすのみではなく、流れである時間そのものの中心を描きだし、そこに集約させるための力動性を見いだすためでもある。習慣化、幼生の自我、変容の中心がこの時間においてとりだされている。

それでもこの時間は、差異そのものに対しては反動的に作用する「実現」の時間でしかない。だからそれは「差異を抜きとる」という仕方でしか示すことができないのである。またこの時間の中心性を考えても、それだけでは時間が流れるという事態を捉えることは不可能になってしまう。だからこうした「中心性」を越えた、別の時間が指し示されなければならない。

それは現在という中心点である時間を包括する時間、あるいはそこでの習慣化的力動性そのものを支える時間、つまり根拠（fondement）の時間としての過去である。そこではベルクソンが論じている「純粋記憶」という位相が重視される。

ベルクソンの時間や流れの議論に少し立ち戻ってみよう。そこでは、現在とはつねに流れのなかにあるものであり、現在そのものが流れの一断片にすぎないものであった。現在という中心が存在するためには、それと連続的な関係にある流れ自体がなければならない。ベルクソンはこうした存在の連続性を、いわば途方もない仕方で、しかし考えてみれば確かにそうとしか考えられないような仕方で拡張する。ベルクソンにとって、現在とはそれ自身が流れの一断片にすぎないのだから、そうした流れそのものの方が「実在する」。そのような時間的な流れの過去になった部分には、ベルクソンによって「記憶」という名が与えられている。記憶が流れの潜在性を形成し、その尖端が現在であるということになる。ここで「実在」に関する視角の逆転が生じてしまうのである。ベルクソンにとっては、現在的なものが実在するというよりも、記憶こそが「潜在的」に実在する。そして（その帰結として）記憶は、それが現在であって、ついで記憶になるという二次的な仕方で形成されるのではなく、記憶そのものが、現在であることと同時に成立するのである。すべての記憶は現在と同時存在であり、なおかつ記憶の方が優先的な実在をなしている。

ベルクソンにおいて、流れの連続性の提示はある意味で絶対的である。そうであるならば、すべての過去は、つまりすべての記憶は、現在に連続的なものとして、それ自身として保存されていなければならない。過去が、そのすべてのあり方において保存されるというのが、記憶についての原則なのである。しかしそうすると、時間の連続性は無限なのだから、それはあらゆる彼方の過去までも包括してしまう、莫大な位相になるのではないか。そこではむしろ、あらゆる意味で誰にも経験されないような、莫大な記憶そのものが実在していることになりはしないか。

ドゥルーズが「第二の時間」の主軸として捉えるのは、こうした「純粋記憶」である。それは「現在」である「第一の時間」を包括する時間の流れの全体性である。こうした記憶は、それ自身として保存され、反復されつづけるものである。この反復は、現在であるものの反復が、同一的なものの反復である物理的反復に収束してしまうこととは異なった、精神的な反復、過去すべての反復として実在する。ここではそうした反復が「差異を含む」ことがポイントになってくる。

では、現在化される経験を越え、ある意味で流れの無限性に届いていくこの時間は、超越論的な位相であるといえるのか。ドゥルーズは、ここでベルクソンに、先にヘーゲルに対してなしたのと同じような異論を差し挟んでいく。

ここで描かれる記憶とは、確かに現在という中心的な定点に依拠するものではない。それゆえその無限は、「表象」の枠組みのなかに収まりきるものではない。しかしながら、この純粋記憶の時間は、中心点である現在と、「循環」する関係を保ってしまうというのである。つまりこれでは、「表象」の外でありつつも「表象」を支えるという、有限者と無限の調和的な循環性が語られるだけだというのである。そのかぎりでこの時間は、「表象」のもつ同一性の枠組みから抜けだしうるものではないとされてしまう。

†空虚な形式としての時間

ところが「第三の時間」は、以上のような同一性の領域には収まらない時間として提示されるのである。それは「表象」にとっての「脱根拠化」(effondement)の時間である。ドゥルーズは、この時間に対して、哲学史的にはカント的な「超越論的」時間論の構図に、ヘルダーリンやクロソウスキー経由のニーチェの議論を差し挟んで、さまざまな説明を与えている。さらにそこに、フロイト的な「死の本能」を重ねあわせもする。しかし重要なことは、この時間が「空虚な形式」として、「表象」に対して徹底的に切断された

「超越論性」を確保する時間であることである。

第一の時間は、中心化される現在を軸とした、有限な主体の時間であった。第二の時間は、そうした中心性を根拠化するための、無限に届く記憶の包括を述べるための時間であった。だがそうであるがゆえに、第二の時間は、中心的であるものとの、循環を描く事態に収まってしまう。

これに対して第三の時間は、決して中心と循環することのない、無限の直線である開かれた時間である。この時間は、それ自身として経験されることもなければ、経験の枠組みに入ってしまうこともない。逆にいえば、これが経験の枠組みに入ってくるのであれば、その際には、経験そのものの秩序が脱臼化されてしまうことにしかなりえない、そうした時間なのである。

それが、「空虚な形式」としての直線によって描かれることは理解しうることである。これは時間があるということを、視点なく、それ自身の形式性において捉える際に示される時間にほかならないからだ。この時間は、時間が流れることの、無限の形式性そのものを描いている。それは、「俯瞰」というかたちで、無限が有限のなかに入り込んでくることを、そのままに可能にしてくれる形式なのである。直線というのは徹底的な酩酊の場所でしかない（ドゥルーズは、直線を「迷宮」と呼んだボルヘスの言葉をきわめて愛好している）。

直線のなかで、一切の視点は失われる。そこでは、無限にあらゆる事態が反復されることとしか示されえない。だが、それを描きだすことにおいてはじめて、有限者であるものが、無限との調和や循環においてあることから引き裂かれ、無限そのものを「俯瞰」する存在者として示されるのである。生きることはできないが、生きるということを可能にしているこの時間が、無限のなかで俯瞰する生を、「裂け目の入れられた自我」として定めている。

直線とは、こうした時間的な「俯瞰」に、つまりは流れであるものに、空間的なイマージュを付与するものでもあるだろう。そこで空間性が導入されるのは、後の論脈においても重要なものがある。それは有機的な流れである時間に対して、ある種の切断をもたらす契機でもありうるし（その意味で、「第三の時間」は、流れることが生の時間であるのに対して、必ず死という契機を導入する）、またその有機的な連関を、無機的なものへと立ち戻らせる契機にもなるのである。

後年のドゥルーズ、あるいはドゥルーズ＝ガタリの記述（とくに『千のプラトー』でのそれ）では、こうした無機的なイマージュを提示することは大きな意味をもってくる。それは、『シネマ2』において、有機的に描かれる「運動イマージュ」（ベルクソン的なイマージュ）を越えた、まさにニーチェ的な「時間イマージュ」の描写に結びついていくのだが、そこで語られる「時間イマージュ」は、結晶や地層といった無機性において際だたせられるものである。鏡や結晶は、それ自身はベルクソン的な潜在性と現実性との識別不可能な点という、時間の生成にとって根幹をなす位相を巡るものでありながら、そこでの記述の焦点になっている。また、『千のプラトー』や、これらの時期の芸術にまつわる議論では、抽象線に対する多大な評価がある。抽象芸術そのものが切り開く、時間性との連接は、さまざまに検討されるべきテーマを含んでいるのである。

それは、「俯瞰」という主題がもっている、自然史的なものとの繋がりにも関わりがあるはずである（自然史との連関において、ベンヤミンの議論とドゥルーズとの繋がりも、再び思考対象になってくる）。そして、地層性や考古学という語り方は、同時期のフーコーが重視していた、歴史を解体する歴史の議論において多用されるものでもある。ベンヤミンにせよフーコーにせよ、ともに「人間的」な視界のもとにある時間の枠組みを越えた、さらに広域的な歴史性を視野に入れながら、歴史の議論を再構築する意図をもっていたという点で、ドゥルーズが備えている生態的・エコロジー的な時間意識にきわめて近いものがある。そしてその時間こそが、意識的な時間の最底部を、意識そのものに回収されないイマージュとして露呈させるのである。

また同時にその無機性は、「第三の時間」が、無限に「分岐する」時間として示されうるように、さまざまなものへと分裂する齟齬《そご》の空間をイメージさせるものである。その意味でこの時間は、「絶対的な差異」の場面として描かれる。「永劫回帰」としてしか示されない無限の「俯瞰」の時間とは、無限の反復であることにおいて、現在に回収できない「絶対的な差異」を露呈するのであり、そこでは齟齬するものの嚙みあわなさが現出してくる。その観点から、この時間は、リゾームとして描かれるイマージュ、あるいは脳神経系の錯綜や、まさにその映像化としての「時間イマージュ」での「無理数的な（割り切れない）切断」にも結びついている。

無限の直線であること、無限の反復であること、そしてそこで差異そのものが現れること、そうした差異が定点に回収不可能な齟齬の原型であること、それらが一繫がりになったものとして、『差異と反復』の「第三の時間」は読み解かれるべきである。そうした意味で、この時間を描くことは、一面では「超越論的」な時間の提示に関わるものであると同時に、それ自身が差異と反復の探求において目指されるべき、無限なるものの齟齬を示すイマージュにもなる。

それが『差異と反復』では、存在の一般的システムを描く際の、ひとつの範型として働いているのである。

「第三の時間」で描かれた、「表象」に依拠しない存在のあり方をとりだすことが、ドゥルーズにおける一般存在論の試みの根幹をなしている。それが、『差異と反復』後半の、相当な部分を形成している。

そこでは「理念」としての多様体が、重要なものとして見いだされる。「理念」としての多様体をどう描くのかが、大きな意味をもっているのである。ドゥルーズにおける、「微分」としての存在の現象化や、そこでのポジティヴなものとしての生成についての見解は、さしあたりはすべて、こうした「多様体」としての「理念」という位相から具体的に捉えられる。

「理念」とは何か。時間論の記述においてそうであったように、ここでのドゥルーズの戦略は、きわめてカント的である。「理念」とは、「感性的なもの」や「悟性的なもの」の圏域に属するものではない。それは、感性的な対象でもなければ、悟性が捉える概念でもないのである。そこでドゥルーズは、カントを換骨奪胎して、感性的対象や悟性的概念が存在するために要請されるもの、つまり、見えるものが成立するために不可欠な見えないものを「理念」として捉えていくのである。それは、それ自身においては「未規定」的でありながら、「規定可能性」を経て、「規定」された何ものかになるものである。

こうした「理念」の領域を記述するために、ドゥルーズにおいて決定的なのは、プルーストに由来する次の言葉である。すなわち「理念」としての多様体とは、「実在的であるが現実的ではなく、観念的であるが抽象的ではない」。それは、カント的な意味での「理性」の対象として、仮想的なものではなく客観的（objectif）な対象として、実在的（réel）なのである。そうした理念そのものは、まさに経験外の「イデア的焦点」なのであり、経験に与えられるものではない。「理念」は経験の所与ではないのである。「未規定性」についてのこうした言明は、まさに「問題」という言葉によって捉えられる。「問題」であるものは、その解決が、目に見えるかたちで与えられるものではない。それどころか、解決が目に見えるかたちで与えられるならば、それは問題としての価値そのものを失ってしまう。

「理念」としての多様体とは、このような意味で、いまだ決定されてはいないが、それ自身、何かの「問題」として存在し、何かに生成する当のものとしての存在様態をもっている。ドゥルーズが、自らの差異哲学のなかで示そうとする多様体とは、まずはこうした観点から、理念的な「問題」として描かれなければならない。

このような仕方で「理念」の多様体を思考する際に、ドゥルーズの発想に、構造主義との関連や、あるいはそれとの対決というアイデアが含まれていたことは想像に難くない。多様体とは、そもそも差異の体系の場である。そして、そうした差異の体系の場を、現在化された何ものか（すでにかたちになっている何か）を支えるものとして描くのであれば、それはソシュールやレヴィ＝ストロースによって、おもに言語学的なモデルにおいて構想されていた「構造」というアイデア、あるいはそこでの「構造」と「発生」という議論の枠組みに、きわめて近接していることは明らかだろう。

多様体は構造なのである。しかしそこには、さまざまに検討されるべき内容が含まれている。

まずは、ドゥルーズの考える「理念」が、ポジティヴな未規定性によって捉えられている点である。これは、差異の存在様態が、ドゥルーズにとっては「問題」として開かれたものであり、そこでは規定された「構造」と、その「発生」という対立的構図は存在しないことを意味している。構造そのものが発生である。それが、未規定的な差異としての理念には含意されている。

ついで差異は、構造の思考一般において通常押さえられているような、「否定」とその「対立」とは異なった仕方で描かれるということである。差異の諸項が否定的に指示され、その対立から現象が形成されるというのは、構造に伴う独特の二項対立的な着想である。

しかし、そうした描かれ方は、ドゥルーズにとって、やはり理念の位相が現実化した後に見いだされるものでしかない（それは否定性を含むのだが、否定性そのものが、分化の産物である以外にない）。

しかし、このことを考慮した上で、この理念の位相を考えるならば、それはいわゆる無意識の描きだす構造の世界に、充分に重なりあう部分をもっている。それは、こうした「理念」を具体的な事例に即して検討するときに、不可避的な事態でもある。実際にドゥルーズは、こうした「理念」の例として、数学的な諸実在、物理学的な諸実在、そして有機体、心的現象、言語活動、社会構成に応じた「理念」のあり方を描いていく。このこと自身、この世界の存在者についての、一般システム的な領域を捉えていく議論として読めなくもない。

ドゥルーズ自身が「手当たり次第」と形容してもいるそうした事例の適応は、『差異と反復』第四章の記述の中心をなしている。物理的なものとしては、エピクロスによる古代の原子論が、生物的なものとしてはジョフロワ・サン＝ティレールの形態発生論が、社会的なものとしてはマルクスによる社会についての議論が、そこではとりあげられる。原子論においては、均質と見える原子のなかに含まれる偏差としてのクリナメンの働きが個々の多様な現象的世界を現出させるあり方が、生物的事例においては、生物学での十八世紀の論争において、規定された構造を主張するキュヴィエに対するジョフロワ・サン＝ティレールによる生物構造の「折りたたみ」の多様性の議論が、そしてマルクスにおいてはアルチュセールを引用しつつ、社会的問題についての「解」に関する諸事例が描かれていく。物理的水準・生物的水準・社会的水準において、「理念」は構造としての多様体の役割を担っている。それぞれのレヴェルで、それぞれの仕方で、しかし根本的にはそこに通底する潜在性の論理が効いているというように、ドゥルーズは存在の一般システム論を描こうと試みるのである。

もちろんこれらの事例には、さまざまな他の領域例を次々と付加することができる。心的事例としての無意識、（後に「否定性」についてのソシュールやトゥルベツコイ批判に連関して示される）言語記号の構造性、そして社会的なものとしていえば、タルド的な社会心理学における社会的構造性などが、まさに「無作為に」付け加えられつづけるべき論点になるだろう。そこには、『意味の論理学』では、記述の柱ともなる精神分析についての諸言説、つまりは無意識の構造についての知も、折り込まれるべきに違いない。

こうした存在の一般システム論の描写は、自然の博物学的記述に酷似しているともいえる。世界の多様なシステム性を、しかしシステムの原理性に則って描くという姿勢が、ドゥルーズの議論を貫いている。それは、『千のプラトー』における、博物学的知の縦横無

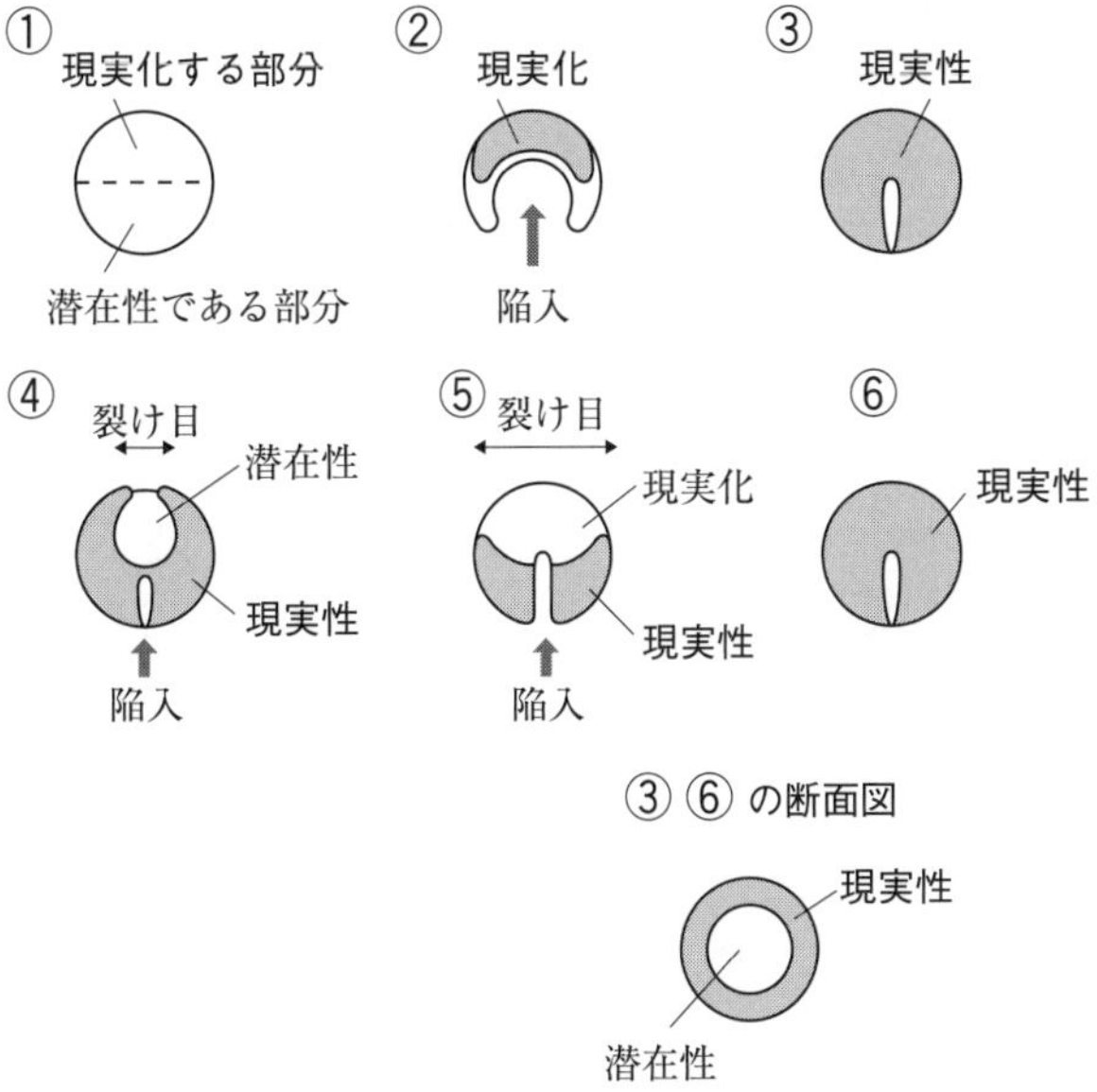

生物的イマージュによる構造と発生の理念例

尽な描写と、つまりそこでの「華やぐ知」を言祝《ことほ》ぐような記述と、どこか雰囲気を同じくしている。逆にいえば、ドゥルーズ＝ガタリとして活動を開始し、表面上「哲学」の試みから退却すると見える時期でも、そこでの一般存在論的な素描は、『差異と反復』という「哲学」期の著述においてすでに押さえられている。潜在的な生の構造としての多様体から、世界の現象総体を見いだす軸をとりだしていくという議論の立て方は、変わるものではない。

だが同時に、次のことも考えなければならない。それは、この時期のドゥルーズの言説が、明らかに「哲学」であることに収まるのは、どうしてなのかということである。

この問題は、「理念」としての「多様体」の議論が置かれている局面に繋がっている。それは『千のプラトー』とは異なって、やはり「発生」という構図に、はっきりと規定づけられているのである。「理念」は、根底的な場面から触発され、現象性そのものへと向かう、本質的な傾向性を備えている。

つまり「理念」の位相そのものが、そこでの差異を「消滅」させることにより、「感性的」な対象に向かう展開を含んだものなのである。ここでのさまざまな「理念」は、それ自身「交錯体」として存在しながら、そこでの「問題」を、さまざまな仕方で解決していくことに向かっていく。もちろん「問題」が解決されきることはない。多様体である実在は、ひとつの現実性が（ある数式の解が、ある生命体が、ある社会の体制が）現出しても、それで尽きることはないし、そこへと回収されきることもない（そこに、生成そのものを論じつづける意義がある）。だがそうではあれ、こうした解きえない差異の「錯綜」も、それ自身の「微分」的装置によって、「現実化」されていくと記述されるよりほかはない。それは、「差異的なもの」が「分化」されることなのであり、内的差異の外化とでもいえるものである。「分化」の議論は、未規定的で積極的なもの（「理念」）が、規定可能性（「概念」）を経て、規定されたもの（「感性」的対象）へと進んでいくロジックのことである。

それは紛れもなく、現象的な発生の垂直的な運動についての記述であるよりほかはない。このことは、「理念」の論脈で、先には明確にヘーゲルと対比させつつも、ともに批判されていたライプニッツの「副次的矛盾」（vice-diction）が、積極的に評価し直されることからも窺い知ることができる。先の論脈では、ライプニッツ的な装置は、無限小を見いだすに到るが、そこでのライプニッツの思考は、やはり「同一性」へと収束し、「表象」の補完物になることが論難されていた。この見解を、ドゥルーズが変えることはないだろう。ドゥルーズの戦略は、むしろライプニッツ的な共可能性の位相を、共不可能性の領域に、まさにライプニッツの議論を横あいに押さえることによって変容させていくことにある。

だが、『差異と反復』が、あくまでも感性的現象の発生の論理を辿るものである以上、そこでドゥルーズが拒絶したかった「同一性」の影が、「差異」の側からにせよ入り込むことは避けえないはずである。それは垂直的現象化的な問題設定として、やむをえないことでもある。

『千のプラトー』では、こうした発生的な垂直性において捉えられる記述が、はっきりと消滅していく。そこでは、こうした差異の運動の位相が、のっぺりとした「内在平面」として独立させられ、それに対して「内在平面」が現象化する方途が積極的には記述されなくなる（それが、アジャンスマン＝組み合わせという術語によって提示される事態である）。ところが、『差異と反復』では、「表象」の同一性を拒絶しながらも、必ず同一的な（まさに「表象的」な）位相に到らざるをえない感性化が、「理念」のあり方に内在している。そうした方向性を備えていることが、この書物が「哲学」を扱うものであることを特徴づけている。

だがこうした議論は、「個体化」を巡る『差異と反復』の最終部分に残しておいて、ついでこうした垂直的な力動性を可能にする、「無底」そのものに降り下っていこう。

†問題と問い――賭けの位相

少し整理をしておきたい。先に、『意味の論理学』と対比される『差異と反復』の特徴を示すために、この書物はもっぱら「静的発生」を論じるものであると述べておいた。そして、後期のドゥルーズでは、「発生」という語り方そのものが消滅することも指摘した。では『差異と反復』に固有の発生とは、何によって動機づけられるのだろうか。

『意味の論理学』では、分裂症的な深層としての無底が記述の前面に現れ、「動的発生」の起点は明確である。ところが、『差異と反復』の叙述は、「同一性」を拒絶しながらも、同一性に向かわざるをえない現象化を扱っている。差異化‐分化の論理（「静的発生」）であるこうした発生は、それ自身根本的にパラドックス的なものであるが、そうしたパラドックスの根底には、しかしある種の「無底」の力学が、何かの仕方で必要なはずである。では、「理念」の位相と、こうした「無底」との関係は、この書物ではどうなっているのか。その点について、『差異と反復』は、「問題」(problème) と「問い」(question) という主題を提示することで、解明をなしているように読める。

「問題」と区分される「問い」の位相について、ドゥルーズは次のように述べている。

「問いは、命令なのである。あるいはむしろ、問いは、その問いが生じてくる命令と、問題との関係を表現しているのである……問題つまり〈理念〉は、問いとして提示される偶発事あるいは出来事としての命令から流出してくる」(DR 255)。

「問題」は、未決定的な差異化の場面であり、それ自身は、解に到らないながらも解を求めて何かが蠢く局面であった。しかしこうした「問題」が発動されるためには、「問題」そのものを「命じる＝強要する」、さらに別の位相がなければならない。そうした位相は、逆説的ながら、「問題」が、同一化の解に向かうことをつねに妨げ、「問題」を「問題」として引き留めておく位相でなければならない。それをドゥルーズは、「問い」と呼ぶのである。そこでは「問い」が、警察における「拷問」と同じ含みをもつ語であることが強調されている。そこでは「問い」が、「問題」を思考されるべきものとして強要するのである。それが「理念」の作動を可能にする。

こうした「問い」については、『差異と反復』の第四章で集中的に論じられている。「問い」は、問題を誘発するものとして、まさに「根源的な始点」(origine radicale) の役割を担っている。そして、そうした「始点」である「問い」のイマージュを根本的に決しているのは、マラルメからとられた「賽の一振り」(un coup de dés) というアイデアにほかならない。それは、無限のなかでの、絶対的な偶然性に委ねられた賽子振りの遊戯である。「理念」が、「第三の時間」にはっきりと結びつくのは、この地点においてである。そして「理念」が、「第三の時間」という「無底」によって、その働きを押さえられうるのは、「賽の一振り」を見いだすことによってなのである。何故なのか。

それは「賽の一振り」が、無限の時間の、直線としての迷宮のなかで、この世界そのものを開始させるイマージュだからである。「開かれた空間としての天空」に一撃を与えることのイマージュだからである。無限のなかでの賭けそのものが、何かの現象が生じることを可能にさせる。そこでの賭けとは、偶然性の肯定のことでもある。

「偶然を廃棄するとは、偶然を、多くの賽子振りに基づく確率の規則によって粉砕することであり、しかも結果的に、問題を、そのときすでに仮定のなかで、つまり勝ちと負けに関する仮定のなかで解体し、また命令を、勝ちを規定する〈最善なものの選択の原理〉のなかで道徳化するということである。これとは反対に、賽の一振りとは、一回で偶然を肯定するのであり、賽の一振りのそれぞれが、その都度、偶然の全体を肯定するのである」(DR 255-256)。

これは、「第三の時間」が抱える、永劫回帰としての反復そのものを辿り直す記述である。「第三の時間」において、無限の裂け目に解体された同一性は、それ自身のあり方を、まさに「永遠の今」として反復しつづけるしかない。それゆえ、それは「絶対的な差異」をもちながら、同一化されない自己に直面しつづけるしかない。このことは、世界の存在が一度きり(une fois pour toutes)でありながら、その一度きりであることをそのつど(chaque fois)反復するということを示している。つまり、この世界の一度きりの開始を、繰り返し反復するということである。まさに、神の賽子振りとしてのビッグバンを、あらゆる瞬間に繰り返しつづけるということである。

こうした遊戯は、繰り返しになるが、パスカルの神の議論における確率計算からは、もっとも遠いものである。パスカルの遊戯は、無限の空間を畏怖するようでいて畏れてはいない。それは、無限を計算のなかに落とし込めることで、その偶然性を拒絶してしまう。したがってそれは、「閉じた」空間のなかでの選択であるにすぎないのである。リスクの計算をしながら、そうしたリスクの示す狡猾な意識に閉じ込めるための技法である賭けでしかないのである。

これに対して、賽の一振りである賭けは、まさに開かれた空間を肯定する遊戯である。それは、無限の空間への一振りなのであり、それ自身の徹底的な無根拠性をあらわにするものであり、その計算の不可能性を突きつけつづけるものであり、「無理数的な（割り切れない＝不合理な）」切断としての今を明示するものである。「俯瞰」という装置に依存した無限の視界のなかで、そうした無限にとりまかれる自己を肯定する振る舞いが、ここから引きだされる。それはまさに、ドゥルーズが「自然」と呼ぶ位相のなかで、そうした自然史的な無限遠点を今に引き寄せていく行為でもある。

こうした「賽の一振り」を、「理念」の場面で押さえる主題が、『意味の論理学』のなかでさらに別の視角から追求される「不確定点」(point aléatoire) である。そうした不確定点は、「理念」のなかで「副次的矛盾」が機能して、それが「特異点」(point singulier) を形成することを支えるものである。「偶然の全体をそのつど、一度で凝縮する不確定点から、もろもろの特異点が流出するように、命令から、諸理念が流出するのである」(DR 256)。「特異点」の根底にあるのは、世界の開始としての賭けが、まさに「不確定点」として関わっているという事実である。

とはいえ、繰り返しになるが、『差異と反復』はこうした賭博の空間という「動的」な事象については、いわば掠《かす》めるだけで終わってしまう。そこでえられた「特異性」は、「理念」の位相が、個々の個体に現実化していくプロセスの解明によって記述されるのである。そこでは、動的なものが下敷きにされながらも、それが「個体」へと「展開」されていくことに、説明の多くが費やされるのである。

『差異と反復』の議論がどこに向かうのかを捉えるために、最後にこうした「個体化」にまつわる論理を見ていこう。

†個体化のパラドックス

「理念」の位相から、その「差異」を「展開」(explication) して、「分化」した位相に到るプロセスを説明するときに、ドゥルーズはまさにデカルト－ライプニッツ的な十七世紀的思考の枠組みに依拠している。このことは、「理念」とは、「判明」(distinct)で「曖昧」(ambiguë)なものであるという記述に集約される。こうした語り方は、ドゥルーズが、差異のパラドックス的発動を語るときの基本的な仕方でありつづける（この語り方は、『シネマ』においても変わらない）。

これについて、少し説明を加えてみよう。

デカルトが、コギトの議論において、「明晰かつ判明」(claire et distincte)な「概念」を決定的に重視し、それを「良識」(bon sens)の原則としたことはよく知られている。それは理性の空間の、その光の等質性のなかに、真理の概念を見いだそうとする姿勢である。

ライプニッツは、こうした真理の光の単層性において隈《くま》無く照らしだされる空間を想定しなかった。彼は、水滴のなかに微細な生き物が蠢き、そうした生き物のなかにもさらに小さな生き物が見いだされるような、まさにモナド的なものを、実在の基本として押さえていたのである。そこでは、明晰なものは混濁したもの(confus)と対応し、また判明なものは、それ固有の曖昧さをもつとされる。

そのモデルは、まさにモナド的に語られる微小表象であり、「一義性」においてもちだ

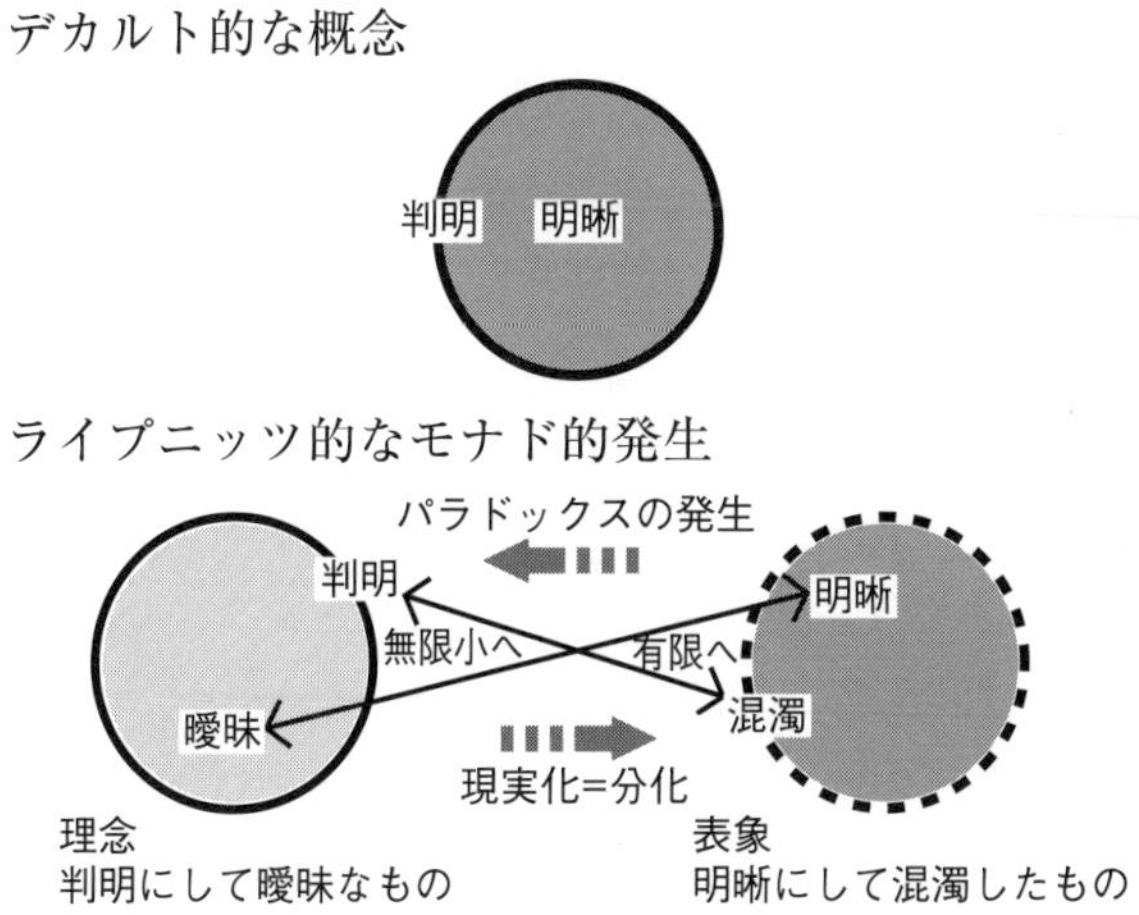

判明かつ曖昧な理念と明晰かつ混濁した表象

されていた海のざわめきのことである。そこでは、個々の波の立てる音は、さまざまな波の立てる音と溶けあって、その総体は一体となった仕方で知覚される。だが、そのざわめきは曖昧であるにせよ、そのなかでの個々の波の音そのものは、まさに判明な差異から成り立っている。この世界のあり方は、まさに「判明かつ曖昧」という、デカルト的にいえば逆立的な働きをするような仕方で構成されているのである。こうした「判明で曖昧なもの」は「〈理念〉にこそ属している」(DR 276)。

このことは、差異とはそれ自身、他の差異との関係において、それ自身は判明(distinct)であるのだが、いまだ分化されていないという意味で、曖昧(ambiguë)なものであることを示している。それはまさしく、ライプニッツがすんでのところでとり逃した、哲学的な酩酊そのもののことを指す。

「理念は、実在的であるが現実的ではなく、差異化しているが分化してはおらず、充分であるが完璧ではないということだ。〈判明で曖昧なもの〉とは、本来は哲学的な酩酊・眩暈であり、つまりディオニュソス的な〈理念〉である。したがってライプニッツは海の岸辺であるいは水車の間近で、まさにぎりぎりのところでディオニュソスを逸していたのである」(DR 276)。

「理念」はディオニュソス的であるが、これに対してアポロン的なものは「明晰で混濁した」(claire et confus) ものである。アポロン的なものとディオニュソス的なものとは共在することはできない。ところが「哲学」は、この二つの事象のあいだの齟齬を生きなければならない。「ディオニュソスとアポロンとはむしろ、哲学的な言語活動において、かつ諸能力の発散的な行使のために、二つの暗号化された言語を合成する。すなわちスタイルの齟齬を合成する」(DR 276)。

こうした齟齬によって、諸能力が「行使」されるあり方こそがパラドックスである。そうしたパラドックスが、「理念」を現実化させる働きを辿らせる。それは決して、明晰判明な概念の位相、すべてがすっかり現実化される位相に到ることはない。「副次的矛盾」

が導いていく現実化の方向に、齟齬の力動性というパラドックスが、「開かれた」ずれとして作動しているのである。

「ばらばらになった諸能力が互いに拘束しあうような暴力的な関係」(DR 292) がこうした齟齬のことである。それが果たすパラドックス性は、思考を強要するものとしての役割を果たすのである。「妄想が良識の根底にある……思考は差異を、思考と絶対的に異なるものを思考せざるをえない」(DR 292)。

パラドックスであること、思考しえないものを思考させるあり方が、理念のなかにはめ込まれていること、そこでパラドックスが、差異の能力を横に繋いでいくこと。「パラドックスこそが、哲学のパトスあるいは情念である」(DR 293)。このことが確認されるべきである。

†個体化について

差異とは齟齬せるものである(それは経験の所与ではない)。「理念」とは、まさにそうした齟齬の空間として、力動的なものであった。しかし「現実化」は、こうした差異の「取り消し」(annulation) をその内に含んでいる(そこで所与になる)。「現実化」とは、「差異」の「分化」のその先にあり、それ自身が「差異」の本性を失わせるものである。

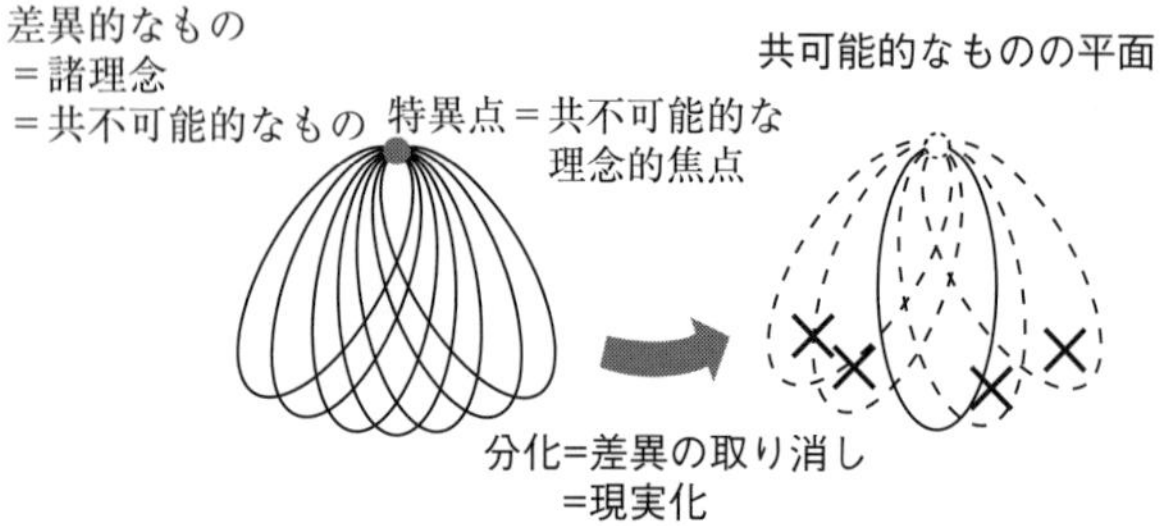

分化のモデル

こうした「分化」の果てに現れるのは、「種別化」と、「組織化」である。それが完成させられるならば、そこで「表象」のシステムが姿を現すことになる。しかし、「差異化」と「分化」にまつわるドゥルーズの議論では、こうした「分化」は、あくまでも「個体」のシステムを巡って提示されるしかない。そこで事態が「個体」として顕現するならば、それはあくまでも「理念」である力動性のパラドックスを担いつづけるしかないのである。「個体化」の果てには、「私」という「種」と、「自我」という「部分」が現出する。そして「分化」のシステムは、その位相において、「死」や「他者」といった主題に言及することを可能にさせる。しかし「個体」は、一面ではこうしたまったき「分化」に逆らう前個体的なものを、その背面に張り付かせつづけている。ドゥルーズが、この世界の現象性を示すのは、このようなかぎりでの「個体」によってなのである。

ここで、以下の三点を考えることが重要だろう。第一に個体とは、「理念」のパラドックス空間に対して、どのような位置をもつのか。第二に、そうした個体の世界を描くことの意義とは何か。第三に個体のシステムは、どのような事例に仮託させて見いだされるべきか。

第一の点から考えてみたい。ドゥルーズは、先に示した「理念」の「判明にして曖昧」な「ディオニュソス的」様態を、そこから個体が生じる力学に、まさにパラドックス関係としてクロスさせていく。個体は「強度」(intensité) の空間であるのだが、それは強度として、「明晰で混濁したもの」という規定を受けるのである。このことによって、個体は強度の場そのものとして、前個体的な理念の空間を逆説的に(背面的に)引き受けつづける。

「理念的統一としての〈判明で曖昧なもの〉に、個体化の強度的統一としての〈明晰で混濁したもの〉が対応している。〈明晰で混濁したもの〉は、理念を形容するものではなく、理念を思考し表現する思考者を形容するものである。なぜならば、思考者は個体そのものだからである」(DR 325)。

これは「表象」の論理とは、まったく異なった仕方で、同一性の発生契機を押さえるものである。「表象」の論理では「明晰なものと判明なものとを正比例させ、それら二つの論理的な価値を結びつける反比例の方は無視してしまう」(DR 325) ことしかなされえないからである。

そして、このような、パラドックスが含む逆説的な論理に、ライプニッツ以上に迫った者は存在しないとも語られる。「この［ライプニッツの］論理学の着想は、まさしく個体化と表現に関する彼の理論によって示唆されたのである」(DR 325)。

そこでは海のすべての水滴が、理念の事例である。それら水滴は「差異的な諸関係と、そのヴァリエーションと、それらの関係が含んでいる特別な点とを伴った発生的要素」(DR 326) であり、差異的なものである。それに対して、差異を表出するものである個体は、たとえば海のざわめきについてのわれわれの知覚は、「明晰かつ混濁」したものとなる。

個体は理念に対して、パラドックス的な逆立的表現の関係をもっている。そのかぎりで、個体は分化に向かうシステムなのであるが、しかし個体は、強度の場として、「理念」をその発動形態において保ちつづけるのである。

第二の問題に移ろう。こうした個体の提示は何の意義をもつのだろうか。

ここで、『差異と反復』の最初の議論に差し戻されるようにおもわれる。それは、世界の分類において、アリストテレス的な種差の概念によって、つまりは差異とそれの否定的関係によって「表象」をなしてしまう思考に対し、個体論はそれと異なった議論を示す契機たりうるということである。個体は種ではない。また個体は部分＝器官ではない。個体を、「不確定点」に晒《さら》されたその「特異性」において、そのパラドックス的な発生に置くことによって、差異の分散としての世界が、ポジティヴに描かれるのである。そこでは個体は、ヒエラルキーと弁証法によって、全体の一契機として示されるものからは逃れていく。

これは第三点、つまりこうした世界を描く事例の具体性の議論に繋がっていく。そうした個体化の場について、ドゥルーズは、フォン・ベーアや、それへの反論としての発生の議論、さらにはジョフロワ・サン＝ティレールの個体発生性についての記述を引きだしてくる。そこでは、「門」のもつ力動的な構造性が、それが分化された存在である種や属に対して先行するものとして捉えられる。生物が、卵によって示される未分化なもの、そうした原形質的なものから、さまざまな進化を辿って何かの個体になる。そうであれば、それはすでに完成された形態（「表象」）からしか発生を思考しない、アリストテレス的な分類とは対抗的なものとして捉えられるはずである。

こうした事情は、ダーウィンを引きあいにだす、この書物の最後の部分にも共通する。「ダーウィンの大いに新たな思想は、おそらく、個体的差異［個体差］という考えを創始したところにある……すなわち、自由で、浮遊する、あるいは拘束されていない微小なもろもろの差異が、どのような条件下で、拘束されて固定した感知しうる差異になるのかという問題である」(DR 319)。そこで個体的差異は、種的な分類に従属するものではない。自由で浮遊する差異が、種を進化させるのである。個体の差異は、まずは「個体化の場」のなかで提示されなければならない。

ここで個体によって描かれているのは、明確に生物的な事例である。そこから排除されているのは、分化された位相にしか位置づけられない、種的なものである。種の側から個体を思考すると、個体が差異の力動的表現であることが覆い隠されてしまう。

個体が形成するこの世界が、存在の一般的なシステムである。それは、まさにドゥルーズ的に捉え直された創造的進化としての、生成するシステムである。力動的な空間である理念が展開するモデルとは、生物体の発生と、生物の進化のことである。個体の種による分類ではなく、いつも種や類によって分類されることを逃れる差異。実際には、種や類をもそこから形成していく原形質としての、卵としての、生殖細胞としての、実在とその時間とその発生リズム。ドゥルーズの議論は、この場面こそに定位している。

それは、視点を広くとれば、まさに構造主義の試みを、根本から捉え返すことであるといえるだろう。構造主義が、必然的に構造と発生という対概念を思考するならば、そしてそのときに、構造が出来あいのものとして存在し、それがたまたま実現したり、あるいは

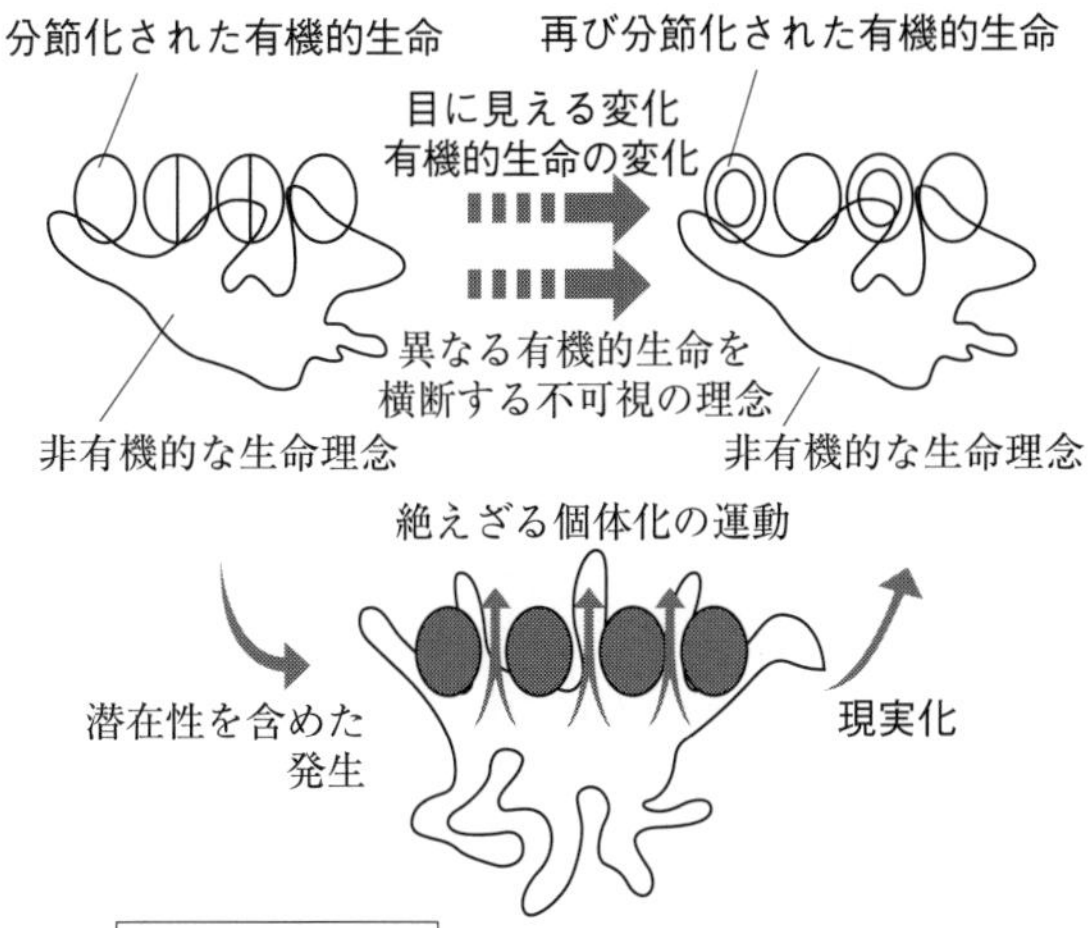

アリストテレス

分節化された有機的生命の現実的なものの間の差異を分類する。

ドゥルーズ

分節化以前の潜在性の個体化の力能の差異を分類する。これと同じ思考モデルが社会や言語においても適用される。

構造と発生の理念例 2

その構造が変容したりするとは捉えないならば、構造主義的な思考は、「構造 - 発生」というシステムそのものを把捉し、そこでの「個体」性を深く描きだすべきである。しかし記号モデルや、そこに根深く介在してしまうシニフィアン的思考、あるいは記号と抑圧というネガティヴな発想が浸透した無意識のモデルでは、こうしたドゥルーズ的な「構造 - 発生」の生成論は、不可避的にとり逃されてしまう。

「構造 - 発生」という主題を、種に依存するのではない個体性、個体の場とその特異性、そこでの進化モデルと連関させたことが、この時期のドゥルーズの議論の本質である。こうしたシステム論は、はっきりと生命論的である。ドゥルーズは別種の『創造的進化』を試みていたかのようである。

しかし、繰り返すまでもなく、ドゥルーズがそこで、数学的・物理学的な構造のみではなく、それを言語学的・心理学的・社会論的構造に連関させ、ポスト近代的なあり方に繋がっていく知の形式を明確にしようとしたことを評価しなければならない。もちろん、こうしたドゥルーズの議論を、実証的な検証や、個別諸学の領域的な特性を軽視した、一種の「知の遊戯」と難詰することは可能だろう（ポストモダン全般に向けられる批判と同様に）。ドゥルーズ = ガタリの時期になると、むしろ世間からそうした非難を受けること自身を楽しむかのように、刺激的な言葉を叩きつけ、それで知の地盤そのものを揺るがそうとした形跡すらある。

だが、実際にドゥルーズが初期の「哲学」で試みていたことは、一面では十九世紀以降の哲学のバロック性や潜在性の発想を引き受けながら、それを二十世紀的な構造の哲学にダイレクトに結びつけ、そこでの「構造と発生」という問題を捉え返したことなのである。それは、二十世紀的な科学的知や社会的知、あるいは言語学や精神分析という基盤そのものをさらえ返すような、時代的な淵源と深度をもった状況への応答なのである。『差異と反復』の一般存在論は、こうした背景において見てとられなければならない。その意味ではそれは、まさに二十世紀的な哲学的思考の、あるいは存在論的な議論の、唯一ではないにせよ、典型的な事例ではないか。

それがどこまで有効であったのか、あるいはその限界は何か、それはわれわれに突きつけられる問いであるが、まずはドゥルーズ自身が直面する問いでもある。この時期の「一般存在論」を、言語と身体という事情に先鋭化させながら繰り広げていった議論として、『意味の論理学』は読まれるべきだろう。

第四章

『意味の論理学』——言葉と身体

†『意味の論理学』について

『意味の論理学』に移ろう。この書物は、ドゥルーズの第二の主著といえるものである。この書物で述べられていることの多くは、『差異と反復』ですでに論じられてもいる。何より、パラドックスという方法を「表象」を批判するために問い詰め、差異と理念の位相を軸にした「哲学」を論じるその姿勢において、両者のあいだには密接な結びつきがある。『意味の論理学』の記述は、『差異と反復』第三章に、いささか中途半端なかたちで折り込まれてもいる。また出版年が一年しかずれていないこの書物が、『差異と反復』とほぼ同じ時期に執筆されていたことも間違いがない。

しかし、『意味の論理学』は『差異と反復』に対して、多くの点で距離をとろうとしている。それを考えること自身が、この書物を読む際の大きなテーマであるだろう。少し列挙してみよう。

第一に、これは書物を開けば一目瞭然であるが、この書物は、34のセリーの連鎖から成り立っており、いわゆる章立てのかたちはとられていない。さらに、出版にあたって、内容と強く連関する、哲学の小論と三編の文学論がそこに付加されている。これは、『差異と反復』が、論文的な形式性にしたがっていたこと（小見出しや結論部に関しても）とは、きわめて対比的である。

この時代は、もちろんエクリチュールの方法ついて、きわめて強い関心が喚起された時代である。当然そこでは、ジャック・デリダなど、伝統的な哲学の思考に反するスタイルを、自己の叙述に反映させている例を見いだすことは難しくない（デリダは、いうまでもなく、「脱構築」という自己の姿勢を、テクストの作成そのものに反映させるのだが、そこで軸になっているのは、テクストに憑《つ》くテクストとでもいうべきあり方である）。ドゥルーズもまた、あれだけ共通感覚に従った「表象」の解体を述べていたのだから、その著述のスタイル自身、『差異と反復』のような論文調であるべきではないのではないか。『意味の論理学』のセリー状の構成に、こうした態度が関連していることも確かだろう。

ドゥルーズが、自覚的にテクストを書くことを捉え直す契機は、デリダ的なものではない。それはむしろ、ガタリとともに「二人で書く」ということに積極的に見いだされるべきだろう。そこでは、いわば「脱人称化された」テクストの作成が試みられる。そして、ドゥルーズ＝ガタリとしては、『千のプラトー』などで見いだされる、層構造の設定（機械的なアジャンスマンの作動を、テクストそのものに入り込ませるあり方）が、その具体的なスタイルであるだろう（プラトーは、どこから読みだしても構わない）。『意味の論理学』のセリー構造が、これと連関しているかは定かではないが、そうしたスタイル性についてのこだわりがドゥルーズ自身にあったことは否定できない（しかし次に述べるように、内容的に見てみれば、この書物はかなりシステマティックなものである。この点で、やはりデリダがなしたような、テクストにテクストを塗り重ね、そのあり方を内側から壊すような姿勢を、ドゥルーズがとっているわけではない）。

しかし、こうしたスタイルに関する問題だけではなく、そこには内容に連関するいくつもの、『差異と反復』との相違も見てとらなければならない。何よりも重要なことは、この書物は「意味」を巡るものであるという、表題から考えてみれば当たり前の事情である。これは、次のように述べ直すことができる。『意味の論理学』では、「言語」と「身体」という二つのテーマが、意味の現象を巡って展開される仕組みになっている。言語や身体という主題は、『差異と反復』では、決して中心に置かれてはいなかった（先に述べたように、第三章の一部で、『意味の論理学』の記述と重なるように、若干論じられるだけである）。『差異と反復』では、むしろ生命システム論に依拠した、存在の一般システムの素描が軸になっていた。ところが『意味の論理学』になると、言語とそのパラドックスから、無意味な（分裂症的な）身体を論じだすことが、何よりも重要なテーマとなる。だからそこでは、無底的で分裂症的なものである身体の位相から言語が成立してくる、まさに動的発生を論じることが、議論の大きな枠組みになっている。さらに、こうした身体からの発生を辿るがゆえに、そこでは、精神分析のタームが、記述の軸になっていく。全体的に述べても、ラカン的な図式、さらにはメラニー・クラインの前オイディプス的な議論が、ポイントとなるものとして援用されてくるのである。『差異と反復』においても、精神分析的な議論はさまざまな箇所で用いられてきた。第二章の時間論が、精神分析のシステムによって再検討されていることも目を引くことである。とはいえ『意味の論理学』での記述は、精神分析を議論の駆動力そのものにする点で大きく異なっている。その事情は、この書物が明確に、未分化な身体からの言語の発生を主題とすることに由来するだろう。

そして、こうしたテーマ設定はまた、内容の構成という観点からも、この書物のあり方を決している。

†静的発生と動的発生

セリー形式という錯綜した構成を見せるこの書物であるが、その内容を総体として捉えてしまえば、そこにはかなり堅実な構造性が見いだせる。そこで鍵となるのは、深層・表層・高所という三つの位相である。それらの位相は、「一次的秩序」(ordre primaire)、「二次的組成」(organisation secondaire)、「三次的配列」(ordonnance tertiaire) と名指されるものと対応させられる。「一次的秩序」は、分裂症的な深層の身体に、そこでのノイズ的な装置に該当し、「二次的組成」は表面の、表層の、皮膚の身体に、そこでのパロール＝言語行為の領域に相応する。そして「三次的配列」は、高所の声の場面と照応する（実際には横にずれるかたちになっているが、そのことについては後で述べる）。そこでは「一次的秩序」が、分裂症的な態勢（position）を表現するのに対し、「二次的組成」は神経症的な位相を示し、「三次的配列」は躁鬱的・抑鬱的な場面としてとりだされる。さらにそこには、哲学者のイマージュとしての、前ソクラテス派・ストア派・プラトンが、そして哲学的言説のあり方としての風刺・ユーモア・イロニーが重ねあわされる。また言語の発生論としては、それらに不定詞・動詞・名詞が割り振られる。

さらに重要なことは、ここでドゥルーズが、この三つの位相を発生論に組み入れていることである。「二次的組成」から「三次的配列」の発生が「静的発生」とされ、深層の「一次的秩序」からの表層や高所の形成が「動的発生」として描かれる。

またここでの二つの「発生」には、この書物の記述の核をなしている、二つのパラドックスが対応している。静的発生に関するものは、ルイス・キャロルを引用して示される「言語」のパラドックスである。それは、言葉が言葉であるかぎりにおいて回避できない、一種の自己言及的なパラドックスであるといえる。それは意義＝意味作用（signification）

のパラドックスである。

ところがこれに対して、身体そのもののパラドックス、分裂症者であるかぎりでのわれわれの身体が保持しているパラドックスがある。これはキャロルの検討を越え、アルトー的な身体の議論によって語られるべき別種のパラドックスである。開かれた空間、ノマド的な場所、そこでの無限性に連関するこのパラドックスは、無限な質料そのものが備えているパラドックスであるといえる。それは、動的発生を形成する「意味」(sens)のパラドックスなのである。

明瞭な形式性において読めるこうした『意味の論理学』の、とりわけ『差異と反復』との相違についてどのように考えればいいのか。ここでは三つのことを指摘しておきたい。

第一には、『差異と反復』では多くの記述が割かれていた、差異化と分化についての議論が、この書物では、言語のパラドックスの位相に、あるいはそこでとりだされる静的発生の場面に限定されるということである。これは、さまざまな事態によって跡づけることができる。ドゥルーズが『意味の論理学』で論じている「表層」の領域とは、まさに『差異と反復』では、理念の差異化が生じる位相に近い。それは、この両書物の記述において、自然と技術の哲学を論じるシモンドンの皮膚や膜という主題が多用されていることからも分かる。この位相は、言語的なロジックが成立するための「超越論的領野」とも語られる、発生の一側面である。

それについて、こう論じることができる。『差異と反復』では、「表象」の領域がもつ同一性を拒絶することが、理念の位相に到るために要請されるものであった。それは、理念がもつパラドックス性をもって、その反「表象」的なあり方を明示するものであった。だが、『意味の論理学』では、ラッセル以来おなじみの、古典的な言語の自己言及性のパラドックスを軸にして、「表層」の位相に到る仕組みになっている。そこでは、言語化されることは、いわば「分化」「現実化」の水準としてとりだされ、そこでの「現実化」された位相だけで実在を語ることの不可能性から、実在＝「意味」自身の場面が見いだされることになる（その意味でドゥルーズの作業は、二十世紀前半に、まったく異なった方向から、しかし同様にパラドックスを軸に実在を思考しようとした、ラッセルとベルクソンを繋ぐ役割を果たしているともいえる）。

†深層と表層

だが第二には、そうではあれ、『意味の論理学』は、まさにアルトー的な位相を論じることにより、「深層」を浮き立たせる書物でもあるということである。

『差異と反復』では、こうした深層に該当するものは、差異化＝分化のプログラムを発動させる「根源的な始点」として押さえられていた。それはいわば、「始原の賭け」という、現象化の発動の一点としてしかイマージュ化されえなかった。しかしこの深層は、それ自身として、どのように語られうるのか。ここでドゥルーズは、『差異と反復』ではさほど明確に記述しなかったこの位相を、はっきりと語りだすのである。それは、分裂症患者の言語が脱分節化したあり方に見いだされる（ウォルフソンによる分裂症の言語学を基本とした）ノイズとしての言語である。またそれは、キャロル的な言語のナンセンスとは別種の無意味としての、アルトー的な裂音の場面である。それは身体であるが、質料性としての身体、何の意味ももたない身体性そのもののことである。

この深層の暗闇を、どのように語るのかには、さまざまな問題がつきまとっている。『意味の論理学』では、ドゥルーズ自身が、秩序と無秩序の単純な二元論を退けることを強調している。その意味で、こうした深層が、秩序との対比における二者択一的なものと捉えられることは、強く避けなければならない（それは結局、この書物が、三つの位相を語りながらも、「表層」こそを論じる書物であるという点に結びついている）。それに、この時期以降のドゥルーズは、こうした深層にまつわる表現を利用することは、基本的になくなっていく（これも最後に触れるように、ドゥルーズが、ガタリ的な概念を導入しながら、「機械」について論じることと関連している）。ドゥルーズは、うかつに存在の深淵に言及するわけではないのである。

だがそうとはいえ、ここで深層に与えられる分裂症のイマージュは、その後のドゥルーズの議論にとっても、あるいはそれを、資本や大地、その歴史性という方向に引っ張っていく事情から考えても、根本的なテーマの導入であるといえる。それら後期の議論が、『意味の論理学』での主題の設定を引き受けて可能になっていることは確かである。それを考えるならば、深層の位相の提示は、ドゥルーズ固有の唯物論を示すためにも、またそこでの「器官なき身体」の質料性を言表化するためにも、必要な措置であったのではないか。

そして第三に、この書物は、「表層」にこそ、あるいは「皮膚」としての「表面」にこそこだわりつづけた書物であるということである。深層は「無意味」である。「無意味」であることの力能は、実在を駆動するパラドックスとしての威力をもつが、それがその効力を見いだしうるのは、あくまでも「意味」においてである。そして「意味」とは、まさに「表層」に宿っている。これを論じることが、この書物の根幹をなしている。

それは「出来事」や「反 - 実現」が、この書物の、もっとも魅力的なテーマ群であることからも見てとれる。

ドゥルーズは、『差異と反復』のさまざまな議論を組み替えながら、表層の位相を描いていく。そこで着目されるべきことは、「出来事」が、つまり現在であることを逃れる表層的な「意味」が、一方では高所の議論からも、他方では身体的な質料性からも区分されて論じられることである。この部分は『差異と反復』では、まさにライプニッツ的なパラドックスやそこでの齟齬について述べられていたことに該当する。

また、『差異と反復』では、三つに区分されて語られていた時間概念が、別の仕方で整理されもする。ここでは、アイオーンとクロノスという二分法が採用されている。この二分法において、永遠性を示すアイオーンの時間が、「第三の時間」を引き受けたものであることはいうまでもない。そしてまた、現在の時間を表すクロノスが、「第一の時間」によって提示されるような「現実化」された時間の表象に合致することも確かである。だがここでドゥルーズは、微妙な記述の変更をなしている。

高所の時間とはクロノスのことである。それは、高所の「三次的配列」が、いわば分化された時間を示している以上、あたりまえであるともいえる。それは現在に分化した時間である。ところが、深層もまたクロノスである。それは高所のクロノスとは異なって、「悪しきクロノス」といわれる、質料性そのものの不動性を表すような、まったき現在時を指すものとされる。

これに対して「出来事」の時間とは、この両者の意味でのクロノスであることを逃れる

「アイオーンに属するような第三の現在」として描かれていく。それはまさに、直線全体を駆け巡るパラドックス的要素や、そこでの「瞬間」をとりだしていくものである。そこで提示されるのは「出来事」の時間、『差異と反復』の「第三の時間」だけでは明確に語られなかった、「アイオーンの現在」というべき「永遠の今」のことである。「瞬間を表象するアイオーンのこの現在は、決してクロノスの広大で深い現在ではない。アイオーンのこの現在は、厚みのない現在、役者の現在、ダンサーやパントマイム師の現在、倒錯の純粋な「時期」である」(LS 196-197)。それはまさに、「反 - 実現の現在」を形成するものである。

実現しないこと、現在化しながらも、同時に現在化されることを拒む現在であること、これは「出来事」の時間としての「反 - 実現」のことを指している。「反 - 実現」こそが、表層において生じる出来事の時間そのもののことではないか。

それが、役者・ダンサー・パントマイムによって例示されていることは意義があるだろう。それらはみな、身体的な芸術なのである。しかしそれは、意味を身体に受肉させる事態を示すものではない。身体が意味を受肉することを、それ自身として二重写しのように裏切ること。そこでの芸術的な働きによって、つまり模倣やシミュラークルといった語り方が可能な振る舞いによって、この現在の出来事を裏映しにすること。ここでは、後期のドゥルーズにとって、時間的なもののイマージュ化に関して、映像が大きな意味をもっていたことも考慮すべきである。出来事とは、芸術的な「反‐実現」の時間として、現在化することをつねに逃れるものなのである。

「反‐実現」が、芸術によってしか例示されないならば、そして（『意味の論理学』を読めば明確であるのだが）そこでのドゥルーズの議論の範型が、身体芸術に限定されるのであれば、こうした時間と芸術一般との関係はどうなっていくのか。たとえば、後期ドゥルーズの最大の業績のひとつが『シネマ』であることは確かであるが、そのような映像芸術は、こうした「哲学」との連関においてどう捉えられるべきか、課題はさまざまに積み重なっている。

『意味の論理学』の「表層」論は、このように、とりわけ中期以降のドゥルーズ及びドゥルーズ＝ガタリの作品群と強い連関をもつものとして、つまり一面では『差異と反復』からの離反の現れとして、あるいはその過渡期を示すものとして読むこともできるのではないか。

この点について、さまざまな傍証も可能である。後期の議論においてキータームとして利用される「器官なき身体」(corps sans organes)、「機械」(machines)、「俯瞰」(survol)、「精神的自動機械」(automate spirituel) などの諸概念の、その萌芽的な利用を、この書物に見てとることができるのだから。

だがこれらの議論は、ドゥルーズ＝ガタリへの「転回」を考える最後の場面に譲り、ここでは『意味の論理学』の記述を、さしあたりその構成に即して辿ることから始めたい。

†言語のパラドックス

まずは、キャロルから論じよう。キャロルのパラドックスは、ドゥルーズにとって、「出来事」という「表層」を見いだすための最高の装置である。キャロルのカバン語は、その離接的な総合性において、ドゥルーズにとってさまざまな意義をもつ。さらにキャロルの少女趣味は、ドゥルーズのジェンダー観や、n個の性というアイデアにとっても、多くの連関をもっている。

しかし、そこでのパラドックスは、さほど理解困難なわけではない。それは、言語の自己言及性を巡るパラドックスであるのだが、それは簡単にいえば、「言語」は「意味」を扱うにもかかわらず、「意味」は「言語」そのものではありえないという事態に集約される。物質性をもたない「意味」は、ある種の現実化された装置である「言語」の「意義＝意味作用」に依拠して捉えられざるをえないのだが、それはつねに「意味」を裏切ってしまうのである。

その点で、先に述べたように、これは、ベルクソンが純粋持続を見いだそうとするときに、ゼノンのパラドックスを援用するのと同様の方向性をもつものである。ベルクソンの議論では、流れという潜在性の領域を表出するのに、それが「現実化」された、つまりすでに「流れ」ではなくなった今の連鎖によってしか「流れ」を再構成しえないのに、しかし「流れ」とは何かは、そうした再構成によってのみ明示される点が重要であった。潜在性は現実化しえないのに、潜在的なものは、現実的なものにおいてしか表現されえない。

キャロルのパラドックスにおいて、潜在的なものは流れではなく「意味」である。「意味」は潜在的なものであり、目に見えるものではない。それは見えない仕方で機能する出来事である。しかし「意味」が「意味」として扱われるときには、それは目に見える言葉になってしまう。言語は、その物質的な記号性において「意味」を扱うことになる。これは端的にいえば、矛盾そのものである。「意味」とは何かという探求は、こうした「矛盾」を突き詰めることからしか思考されえない。そこで、物体を通って非物体的な「表層」に到ることが必要になる。

「騎士は、これから歌う歌の題名を告げる。「歌の名前はタラの両目と呼ばれる」。「ああ、それが名前なの」とアリスがいった。「そうじゃない。あなたはわかっていない。それは、歌の名前を呼ぶものだ。本当の名前は、老いた、老いた人間」と騎士が言った。「じゃあ、私はこう言うべきだったのね。そのように歌は呼ばれているのかって」とアリスは訂正した。「いやあなたはそうすべきではなかっただろう。それはまったく別のことだ」……」(LS 42)。

言葉を使うときには、すでに言葉に意味があることは前提とされている。しかしそこで私は、自分が使っている言葉の意味を問われても、それを語ることは決してできない。これは決定的なことである。「しかし、その代わりに、私は、私が語ることの意味を、別の命題の対象として捉えることはつねにできる。今度は、私は、その命題の意味を語ってはいない。こうして、私は、前提とされるものの無限後退に入り込む。話す者の最大の無力と言葉の最高の力能が、同時にこの後退によって証される」(LS 41)。「言葉」の「意味」を示す「言葉」は、こうして無限に増殖されてしまう。これがパラドックスをなしていく。

こうした「意味」はどこにあるのか。

「表層」において、というのがドゥルーズの見解である。そのためにドゥルーズは、いくつかの仕方で「意味」の位相を問い詰めていく。

まずは、「意味」と、「指示」「表出」「意義＝意味作用」との区分が問われていく。

「指示」(désignation)とは、語と「事物」との関係を示すものである。ここで事物とは、すでに現実化された「個体的」対象であるだろう。

「表出」(manifestation)とは、語を語る「主体」との関係を示すものである。そこでは、言葉を発する話者の心的な状態や欲望が問題とされる。それは、「人称的」なものの次元である。この次元は、命題を語る「主体」のあり方を提示し、「指示」を支えている。

「意義＝意味作用」(signification)とは、語とその「概念」との関係である。それは、語が指し示している、一般的普遍的な「概念」との関係をとりあげるものである。だがそこで「意義」は「指示」や「表出」と複合的な関係にあるとされる。「表出」はパロールという側面においては「意義」に先立つが、ラングという、言葉の体系性を考えるならば、「表出」を可能にするものでもある。そしてさらに「意義」そのものも、その「含意」のあり方を考えるのであれば、「指示」を前提にせざるをえない。したがって、この三つの事態は、互いに互いを支えあう構造になっている
つまり言葉は、対象・主体・概念が循環的にそれぞれを前提とすることから、その作用を成り立たせているというのがドゥルーズの考えなのである。

ところで、これに対して、「出来事」である「意味」(sens)は、まったく別の位相にある。そうした「第四の次元」をとりだすことが必要になる。それは以下のように描かれていく。

「指示」については、「指示」が結局は対象と語の関係の「真偽」を問題とするのに対し、「意味」はそれ自身真偽と関わらないことが強調される。「意味」は事物が、真であるか偽であるかとは関係がない。さらにそれは「表出」がもつ、「主体の信憑」とも関わらない。そして「意義」との関係においては、それがもっている基礎づけとしての働きに、「意味」が連関しないことが問題になっている。

こうして「意味」は、対象的世界、人称的同一性、概念的基礎づけが要求するような、同一性の基準のなかで示されるものではないことが明らかにされる。そのような角度からいえば、「意味」はまさに、物のあり方とは異なった仕方で存立しているとされる。「意味」それ自身が提示されるのは、「指示」「表出」「意義」によっては解消されないパラドックス性を抽出することにおいてでしかない。そこで「意味」の、中立的で非情動的な、事物の平面では捉えられない出来事性が際だたせられる。

こうした「意味」の次元を描くために、いくつかの装置が利用される。ここではレヴィ＝ストロースやラカンを参照して記述される「浮遊するシニフィアン」の議論と、ラッセル的な「意義」のパラドックスがポイントになる。

「浮遊するシニフィアン」とは、構造主義における構造の成立条件としての、シニフィアンの余剰を示すものである。構造が成立するためには、シニフィアン（指し示す記号）とシニフィエ（指し示される観念）との二つのセリーがあり、それぞれが関係をもつことが要件になっている。しかし、この二つを結びつけることは、まさにパラドックス的な関係を形成する。そこではシニフィアンの方がつねに余っており過剰なのである。それゆえシニフィエの方には不足が生じてしまう。そこでこの両者を繋ぐのが、「マナ」（原義は魔術的な力）として示されるような、「意味が空虚であり、それゆえに、いかなる意味も受け入れ可能で、その唯一の価値は、シニフィアンとシニフィエの懸隔を埋めることである」ような「ゼロ記号」である（LS 64-65）。それは「パラドックス的要素」をなし、構造のなかを循環することで、記号の世界が成立する（ラカンでは、このパラドックス的要素がまさに「盗まれた手紙」のことである）。シニフィアンがつねに余剰であることにおいて、記号は記号の示すものと一致しえない。その一致できないことが、記号的な構造そのものを動かしつつ支えているのである。この「浮遊するシニフィアン」に、ドゥルーズは、キャロルの「空白の語」や「秘境語」を読み込んでいく。

これは、ラッセルを例にとるならば、まさに「意義」そのものが示す二つのパラドックス性として、先の事態を補足するように記述されるものである。

その第一の形態では、語と、それが語る「意味」との関係において、無限後退が生じる。「ただ一回で、語は何かを語り、語られていることの意味を語る」。それは先に示したように、まさにある言葉の意味は別の言葉によって示されつづけるよりほかはなく、そしてそれが無限に連なっていくということを提示する。「自分自身の意味を語る名前は無-意味以外ではありえない」（LS 84）。これはキャロルのいう「空白の語」にあたる。

第二の形態においては、キャロルのカバン語、つまり自己自身の部分を指示したり表現したりすることによって無意味に到ってしまう言葉がとりあげられる。

この前者は、「異常な集合（自己を要素として含む集合や異なるタイプの要素を含む集合）」とまとめられる。そしてその後者は「反抗的な要素（自己がその実在を前提とする集合の部分となり、自己が決定する二つの下位-集合に属する要素）」であるとされる。前者が無限退行をなし、後者が悪循環をなす（LS 92）。前者は、語によって意味が指し示されることにつねにつきまとうパラドックスであり、後者はやはりこうした階層性の混同によって発動される自己言及のパラドックスである。この二つの自己言及的なパラドックスの基本形式において、ドゥルーズは、シニフィアンの浮遊と、キャロルの言葉遊びとを結びつけ、「表層」の仕組みをとりだそうとするのである。

†意味のパラドックス

さて、以上のパラドックスのあり方は、現実化された「表象」的な場面（それがここで

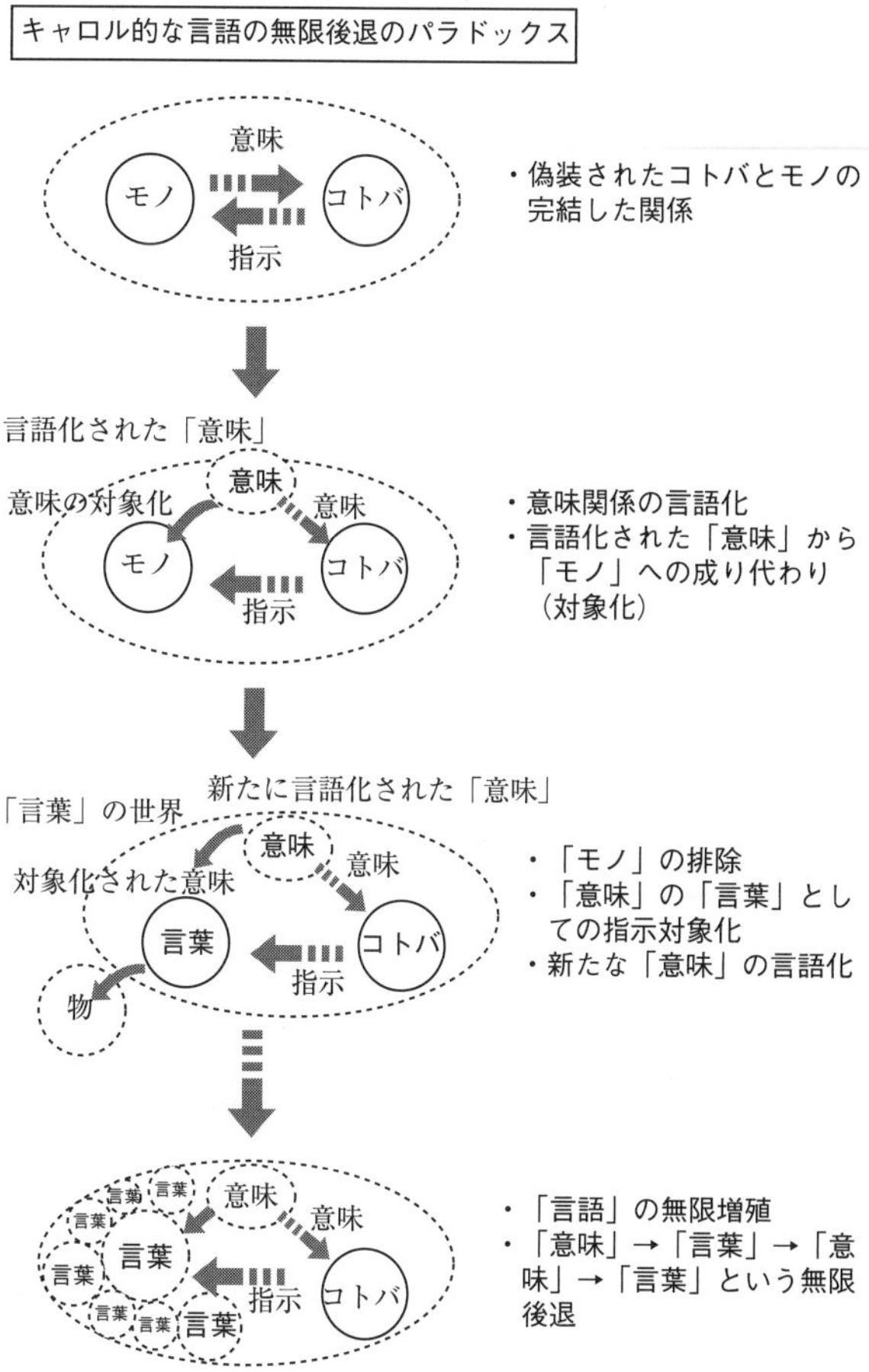
キャロル的な言語の無限後退のパラドックス
意味
モノ
コトバ
指示
・偽装されたコトバとモノの完結した関係
言語化された「意味」
意味
意味の対象化
意味
モノ
コトバ
指示
・意味関係の言語化
・言語化された「意味」から「モノ」への成り代わり（対象化）
新たに言語化された「意味」
「言葉」の世界
意味
意味
対象化された意味
言葉
コトバ
指示
物
・「モノ」の排除
・「意味」の「言葉」としての指示対象化
・新たな「意味」の言語化
言葉
言葉
言葉
意味
意味
言葉
言葉
指示
コトバ
言葉
言葉
言葉
・「言語」の無限増殖
・「意味」→「言葉」→「意味」→「言葉」という無限後退

言語のパラドックス：意味の無限後退

は、「指示」における「対象」の同一性、「表出」における「主体」の同一性、「意義」における「概念」の同一性によって担保される）から、それには包括できない「出来事」としての「意味」へと向かうものであった。そうであれば、そこで思考すべきことは、二つの方向に分かれていく。

そのひとつは、パラドックスを利用してこうした「意味」の表面に到ったのならば、今度はそこから「意義＝意味作用」の地平が形成されるのはいかにしてかということである。それはまさに静的発生を論じるものであるだろう。

そしてもうひとつは、こうしたパラドックスが開く「意味」のあり方を、さらに根源的に「無意味」に晒していく深層とは何かという問いである。これは、後の動的発生の議論、具体的にはラカンやメラニー・クラインを援用しつつ、身体やその精神分析的・性的な態勢から言語が立ちあがる事情を解明することに結びついていく。

これらが、『意味の論理学』でとりあげられている順序は錯綜している。ドゥルーズは、13セリーにおいて、はっきりと深層の「無‐意味」の位相を導入してくる。そこで先に描いた「意義のパラドックス」の底部に存在する、「意味のパラドックス」が描かれていく。だがそうした「無意味」についての議論は、もう少し前の11セリーと12セリーからも導かれている。

「無-意味は意義の決定だけでなく、意味の贈与も遂行する。しかし同じやり方ではない」(LS 87)。

言語の自己言及性の問いは、意義＝意味作用に含まれる無意味をとりだしていた。しかしシニフィアンとシニフィエにおける意味の割り振りは、こうした意義の錯綜とは別の視点からも、つまりは意味を与えるものとしても捉えられるべきである。ここでパラドックスの主人公が、キャロルからアルトーへと移行する。

新しく導入されるこのパラドックスは、「無限下位分割」のパラドックスと「特異性の割り振り」のパラドックスである。

それは次のように説明される。前者は、現在であることを、つねに未来と過去とに分割し、現在であることを徹底して逃れさせるようなパラドックスである。後者は、まさに開かれた空間において遂行されるノマド的な配分、ある種の狂った割り振りを示すものである。

「セリーのなかでは、各項は、他のすべての項との相対的位置だけによって意味をもつ。しかし、この相対的位置そのものは、各項の絶対的位置に従属するが、この絶対的位置は、無-意味として決定され、たえずセリーを横切って循環する審級＝Xの関数である」(LS 87)。「意味」はこうした循環によって「贈与」されるというのである。こうした、効果としての「意味」の議論は、まさに「余剰」の議論でもある。その点でドゥルーズは、ここでのパラドックスを「不条理」によるものではないと述べている。意義＝意味作用のパラドックスは、それ自身不条理性に繋がる部分もあるだろう。しかし意味のパラドックスは「自己自身を欠く無-意味が、過剰を生産し、過剰を過生産する」(LS 88-89) と語られるものなのである。

それは、『差異と反復』における「表象」批判と軌を一にしつつも、良識 (bon sens) と、共通感覚 (sens commun) とが備えている方向性そのものを失わせる役割を果たしている。

「良識」とは、「選択されて維持されるべき方角がしたがう秩序の要請を表現する」(LS 93) とされる。それは農業における土地区画管理の発想、さらには現代におけるリスク社会学的発想が、その根底に備えているものである。通常の割り振りは、「良識」に即してなされる。それは方向をもった何ものか、それにしたがうべき何ものかを示している。

しかし、「表層」における意味の生産は、出来事の生成であるために、それは未来にも過去にも無限に分割され、特定の現在に位置づけることはできない（これはベルクソンからドゥルーズが引き継いでいる、流れにまつわる事情である）。このような生成は、狂った方向性しか提示することができない。現在は無限に下位分割されることによって、無数の過去と未来を含意し、そこでの自己の位置を定められないことになる。

こうした生成の描出が、「第三の時間」で示されていた、無限空間のなかに視点なく放りだされ、そのつど自己のあり方を開始として反復しなければならない事情と重なっていることは明らかである。また、こうした視角が、「良識」をもとにする農耕の土地分割を基本とした、所有と階級に、批判的な論点を導入する原点にもなる（それが、ドゥルーズ＝ガタリにおいては、世界史的に追求されるテーマとなる）。

さらに「共通感覚」とは、さまざまな事態を「常識」（「共通感覚」と同じ言葉 sens commum）の元に包括し、それに同一性を与える、器官的なものと描かれる。

「主観的には共通感覚は、魂のさまざまな能力や身体の分化した器官を包摂して、〈私〉と語ることができる統一性に関係づける……客観的には、共通感覚は、所与の雑多性を包摂して、特定の対象の形態や、世界の個体化された形態の統一性に関係づける」（LS 96）。こうした統一性とは、良識と相補的に、まさに自我・世界・神が描きだす同一なるものの円環を形成する。ここでも、「第三の時間」における裂け目の入った自我が、同一性の円環を解体させる無限としてとりだされていたことを考えなければならない。認識が「再認」であることにまつわる事情は、その永遠的な一回性を前面に示すことによって解体されていく。

この二つのパラドックスのあり方は、次のようにまとめて語られる。「パラドックスは、一方で予見不可能な狂気－生成の、一回で二方向として現出し、他方で再認不可能な失われた同一性の無－意味として現出する」(LS 96)。

キャロルにおいても、アリスは同時に大きくもなり小さくもなるものであり、良識的な方向性を失っている。そしてカバン語は、すべての統合を欠いた分離を示すかぎりで、共通感覚に逆らっている。その意味で、キャロルのパラドックスは、確かに無－意味の位相を露呈させている。しかしながら、キャロルを越えてさらに先に進まなければならない。

†分裂症者と深層

キャロルのパラドックスは、「表層」に到達することによって、それ自身「深層」のもつ無意味性に関与していた。これは「意義のパラドックス」が、「意味のパラドックス」に支えられていることによるのだろう。しかし、あくまでも言語のパラドックスにとどまるキャロルにおいて、こうした深層そのものが問われているわけではない。そこで、言葉から身体へ、つまり現実化した対象性ではない質料的なものへという議論が、さらに展開されなければならない。

ここでキャロルとアルトーとの対比がなされるのである。正確にいえば、キャロルの英語をフランス語に翻訳するアルトーの、キャロルとの姿勢の相違と、それを経た分裂症そのものの露呈が問題になっていく。

「[キャロルの「ジャバーウォッキー」を訳すアルトーの]第二行の最後の語から、そして、第三行目から、地滑りが生産され、創造的に中心の崩壊も生産される。そして、われわれは、別の世界へ、まったく別の言葉へと連れて行かれる。恐れおののいて、われわれは苦もなく認める。それは分裂症の言葉であると。カバン語でさえ、気絶状態に陥って過剰に喉音を負荷されて、別の機能をもってしまうかのようである」(LS 102-103)。

アルトーにとってキャロルは、皮膚の表面にこだわる小さな倒錯者でしかない。大いなる倒錯者であるアルトーは、身体そのものを露呈させていくのである。そこでは食物としての身体、肛門-排泄的な身体、その質料性そのものが、表層の底にあるものとして露呈される。

ここでドゥルーズが参照するのはウォルフソンという、自身も分裂症者である言語学者である。そこでキャロルとアルトーは、さしあたり次のように対比されて描かれる。

「すなわち、事物-語、消費-表現、消費可能な対象-表現可能な命題の二元性である。この食べることと話すことの二元性は、もっと激しく、支払うこと-話すこと、排泄をすること-話すことと表現されることがある。しかし、とりわけ、その二元性が移送されて再び見いだされるのは、二種類の語、二種類の命題、二種類の言葉においてである」(LS 104)。英語はそこで、喉音の多さも含めて、きわめて食物的‐排泄的な言語であるとされる。

これらの二者の言語は、まずは表層に関わる問題として捉えられうるものである。食べることと話すことという二つのセリーには、口唇という身体的な表層部位が深く連関しているからである。口唇性も、そして肛門性もそうであるが、それらはまさにフロイトが、幼児の欲望の記述において導入し、さまざまな身体部位に連関づける精神分析的な事態に即応している。

だがアルトーは、分裂症者の方から、さらに記述を深層に向けて展開する。分裂症者には「もはや表面はない」。そこでは「表面が裂けた」ということが重要なのである。フロイトが穴という表面を使って描いていった身体も、その底を穿《うが》ったなかには、もはや何かに生成する事象は存在しない。「身体‐濾過器、身体‐断片、身体‐分離」。ここで一切の語は、断片になって物理的になり、身体そのものに、ある意味ではそれを傷つけるように、直接働きかけるとされるのである。

裂けた表面の下で語を破壊すること。受動を能動に変換すること。服従を命令に返還すること。そこでは、傷つけるものが語に影響する音韻要素ではなく(それは受動的である)、語が息や叫びといった音調的な価値に応じると描かれる。分裂症者の新しい身体の次元、部分なき有機体が見いだされる(それは能動的なものとして描かれる)。

音韻的価値は破断する語‐受動であり、音調的価値は語‐能動となる。前者においては語そのものが寸断されるのだが、後者においては、分解不可能な語のあり方が能動的に提示される。質料性が呑み込む無のような場面が、そこでのノイズのうなりのような事態がとりだされる。

動的発生とは、こうしたノイズとしてしか描けない分裂症者の位相から、しかしそれを経て見いだされる発生の体系化を論じるものである。そこで、分裂症者自身のパラドックスが捉えられる。

†質料性の位相と発生論

さて、こうした質料性の場面を、あるいはそのノイズ的なあり方を、どのように把握すればよいのか。それについてまとめておこう。

「意味」の問題系が、質料性と非質料性との両者に関連するというのは、重要なポイントである。そしてドゥルーズが、この論脈で分裂症者の身体を重視するのも、無意味な質料性が、記号と言語に関する議論につきまとわざるをえないことにはっきりと関わっている。そこでは、「現実化」された位相が示すパラドックスではない、別種のパラドックスがとりだされることにより、身体が、同一性の基準に収まる対象的な物質性とは異なった質料的なものであり、意味における「無‐意味」の役割を担っていることが明らかにされる。

こうした二つの質料性については、『意味の論理学』における、先にも少し言及した、いささか込み入った時間論をもちだして、展開することができる。

パラドックスを述べる際に、ドゥルーズは、クロノス（現在）とアイオーン（永遠）という二つの時間を区分して、アイオーンの時間を、出来事の時間として見いだすのだが、その際に、拒絶されるクロノスは、単一的なものではなかった。一方では、純粋な「今」としてのクロノス、良識と共通感覚によって割り振られた、現実的な位相でのクロノスが存在する。それは「良いクロノス」である。しかし、ドゥルーズはこうした「良いクロノス」に対して、「悪いクロノス」という、質料性の闇のような現在についても言及する。それは、脱分節化した無底の果てを示すだけのクロノスである。

「したがって、深層の狂気‐生成は、悪いクロノスであり、良いクロノスの生ける現在に対立する……質の純粋で度はずれた生成は、質化された物体の秩序を内側から脅かす」(LS 192)。

この質料性の領域が、身体のことである。だから、「意義＝意味作用のパラドックス」が、「良いクロノス」の示す現在化に依拠するだけでは出来事が巧く説明できないことと関わっていたのに対して、深層のパラドックスは、身体的な質料性が、どこまでも意味を無意味に晒しつづけることを露呈させていく。言語的な生につきまとう質料性への問いが、無限のもつ狂気の力と連関させられ、『差異と反復』とは異なった位相をあらわにする。それは、生成の媒質となる質料性、意味を生みだす無意味自身の能動的機能、深く意味を無意味に解体していくノイズとしての質料性なのである。

無意味なノイズとしての質料性、決して整序的な今においては把捉されず、狂った深みとしてしか描きだせない膠着した現在の質料性をどう考えればいいのか、それについてはドゥルーズにも、いささかの揺れがあるように見える。

その最大の論点は、ここでの身体性を、ドゥルーズが、身体のゾーン（領域）の問いとして押さえていくことにある。もちろん、食べ物や排泄物としての身体という問題設定は、キャロルやアルトーに存在し、それ自身、言語と身体、意味と物質が、口唇や肛門という身体部位と連関させられうること、さらにそこで言葉を発することが、食べるというあり方と裏返しになっていること、これらの反映でもある。しかし同時に、こうした質料性の導入が、率直に精神分析的な構図を導いてしまうことも間違いない。ここでの記述は、身体からの動的発生という主題を、精神分析を軸に論じることに繋げてしまう当のものである。そこでは、メラニー・クラインによる主体と言語の発生が、ドゥルーズの議論の柱になる。しかし、そのこと自身は、こうした意味のパラドックス領野を論じることに反してはいないのだろうか。

この質料性をどう把捉するのかは、かなり難しい問題である。実際のところドゥルーズ自身、この書物以降では、深層の身体という無底性そのものをとりあげることはしなくなる。そこでも、アルトーやその「器官なき身体」という術語はさかんに利用される。『千のプラトー』では、「器官なき身体」が、そのマゾヒズム性において、質料的な平滑性の位相の描写として示される。だがすでに述べたように、そこでは「平面性」と、その「平滑性」「抽象性」こそが際だってくるのである。そしてそこでは、深層から何かが発生するという構図そのものが廃棄されるのである。発生は、論じられなくなる。

「機械」という術語によっても捉えられるこの領域は、『意味の論理学』の図式でいえば、深層と表層とが一体化したもののようである。ところが『意味の論理学』は、一面では、深層の無底と表層の出来事性とをはっきり区分して、無意味と意味との力動的連関を問いとして立てていく。意味と無意味がともに組みあう地点が、「表層」の形成を指し示すのであれば、そこで出来事性と質料性、そのノイズやざわめきはどう巧く処理されうるのか。

『意味の論理学』では、ドゥルーズはあくまでも「発生」という垂直的な議論の設定にこだわっている。しかしそれでは、ドゥルーズがいかに「良識」と「共通感覚」を批判しようとも、「良識」と「共通感覚」の形成を辿ることしかできなくなるのではないか。そのため、さまざまな精神分析用語の（まさに現代における形而上学としての）適用が必然化されてしまう。あるいは、ここでの身体の「性感帯」としての区分、「性」からの「言語」の発生という語り方が要請される。

しかしドゥルーズが七十年代に、自らの議論を捉え直し、ことにガタリ経由の反精神分析的なアイデアを採用しながら遂行したことは、こうしたかぎりでの「哲学」の記述そのものへの、つまり「同一性」を批判しつつも「同一性」の発生をパラドキシカルに論じなければならないことへの拒絶なのではないか。そこでは、『意味の論理学』では肯定的に描かれていたメラニー・クラインも、前オイディプス期という表現を使ったことにより、一面ではすべてをオイディプス化させた人物として非難される（さらにそれは、ラカンの扱いの問題にも及ぶだろう。しかしドゥルーズは、ラカン自身には揺るぎなく肯定的な評価をなしていたようである。ドゥルーズ＝ガタリの議論が、「現実的なもの」の一元論として語られるのは、もちろんラカン的な図式への批判でもあるのだが、同時にそれはラカンが見いだした現実的なものという領域への高い評価でもあり、それはここでの質料性と関連している)。

そこでは、「同一性」へ向かう「発生」のルートなしに、アルトー的な離接の総合が、「機械」とその働きに重ねあわされていく。機械とは、性感帯的な身体であるというよりも、脳神経系・細胞の増殖・そして何よりもn個の性、つまり多種多様なるものにほかならない。機械としての身体は、深層と表層とを繋ぐという、『意味の論理学』自身の内在的な論点の、ひとつの解決であるのかもしれない。『意味の論理学』の深層の質料性の記述は、そこでの深層の位相の曖昧さのために、こうした設定の工夫を引き起こさざるをえないのではないか。

だがここでは、『意味の論理学』に戻り、あくまでも「発生」にこだわりつづけるそこでの記述を整理していこう。

†静的発生について

静的な発生は、「表層」を主題とするものである。そこで、「良識」的で「共通感覚」的な審級、つまり「指示」「表出」「意義=意味作用」を支え、対象・主体=自我・概念の同一性を確保する位相が、「三次的配列」としてとりだされていく。それは、パラドックスを通じて、「表層」や「深層」を見いだしてきたこれまでの議論とは、逆方向に展開されるものである。これはまさに、秩序の発生についての議論なのである。

この論脈において重要なテーマは二つある。ひとつは、「表層」として扱われる領野を、どのように論じるのかということである。そしてもうひとつは、本質的に良識的でも共通感覚的でもない「表層」から、同一性の位相が見いだされるのはいかにしてかということである。ここでも、『差異と反復』と同様に、鍵になるのは個体の位相である。個体は、同一性をもたないにもかかわらず、同一的なものが発生する中心になってしまう。それはどうしてか。順に論じていこう。

「表層」における「意味」の領域は、対象性とは異なるそのあり方において、フッサールが論じる「超越論的領野」に擬せられるものとして描かれる。フッサールは、「現象学的還元」という方法によって、自然的態度を遮蔽し、超越論的意識の領野に到達した。そして純粋意識がもつノエシス－ノエマ構造において、対象的な事象が見いだされる発生の仕組みを描いたのである。こうした議論は、やはり対象的な存立や同一性に支えられた自己を拒絶し、意味の領野に到るドゥルーズの議論と、強い重なりあいを示してはいないだろうか。

「意味」の領野のもつ奇妙なパラドックス性に強い関心をもっていたフッサールの議論に、ドゥルーズがある種の親近性を感じていたことは確かである（このことは、フッサールにおける意味の議論を、その対象性の不在というパラドックス的論点から問い詰めたデリダの主張と対比可能である。『声と現象』を参照のこと。そこでも不条理性を、ある種の実存論的な議論から切り離して論じていくことがポイントになっている）。だがそれでもドゥルーズは、フッサールの述べるウアドクサ（Ur-doxa 原信憑）へ向かう思考とは、はっきり距離をとっていく。フッサールの議論では、対象の諸領域を意識の超越論性に還元しはするが、そこでの対象の発生は、対象的なものを範型として捉えられるだけであり、それではドクサ的なものを引き写しているだけではないかというのがドゥルーズの主張である。それは果たして「哲学」なのか。

「つまり、少なくとも暫定的にドクサの特殊な内容や様態と絶縁しなければ哲学たりえないだろうと感じておきながら、ドクサの本質的なものを、言い換えるなら、ドクサの形態を保存して、「根源的」と提示される思考のイマージュのなかでの経験的でしかない行使を、超越論的なものにまで迫り上げて自己満足するような哲学が哲学であろうか」(LS 119)。

それでは、「指示」や「意義」のみならず、「表出」の形態までも、根源的なものの枠組みに入れ込めてしまうだけである。そこでは超越論化することにおいて、いかなる切断が経験的なものにもたらされるのかが明確にはされえない。ドクサから分断されることで

「哲学」が確保されうるのであれば、それは正当な方法なのだろうか（受動的総合の分析をさらに入れ子状に深化させ、まさに「根源的」な探求を遂行しつづけるフッサールの軌跡には、まさにこうした批判が当てはまるのではないか）。ドクサを根源的にドクサによって押さえるだけでは、「良識」と「同一性」の領域からは逃れられない。ではそこでは、こうした「超越論化」について、つまり経験的ではない行使について、何が語られるべきなのか。

ここでドゥルーズが、フッサールに影響を受けているサルトルの議論を、むしろ積極的にとりあげることは、注視すべきようにおもわれる。そこではサルトルが、フッサールと同種の試みをなすにもかかわらず、まったき非人称性の場所として超越論的領野を見いだしてくることに光が当てられる。

「……この超越論的な領野は、サルトルが一九三七年の決定的な論文で提示した条件に呼応しているだろう。すなわち、総合的な人称性意識の形態も主観的同一性の形態ももたない、非人称的な超越論的領野に呼応しているだろう」(LS 120)。

サルトルが、ぎりぎりでとりだしたものは、自我なき、個体化の中心なき、「非人称的で前‐個体的な領野」そのもののことである。意識が、対象性の範型を自らにもち込んで、その二重写しを見いだしてしまうことは、このようにして避けられることになる。「表層」

の世界が、決定的に人格性に依拠しないということ、すなわちそれは意識のあり方からは切断されていること、これが着目するべきことである。だがそれは、心理学・宇宙論・神学のすべてを巻き添えにする次のような二者択一、すなわち「すでに個体と人格に捉らわれた特異性か、あるいは未分化の深淵かという二者択一」(LS 125) を迫るものではない。それは、「無名でノマド的で非人称的・前-個体的な特異性が蠢いている世界」(LS 125) そのものが開かれることである。そこに「超越論的領野」は定位される。

そしてここからは、フッサールにではなく、まさにライプニッツに議論の焦点が当てられる。そこでは「超越論的な領野」が、中心化のあり方をもたない「ノマド的な配分」をなしていくあり方が探られる。

「特異性は、個人的・人格的であるどころか、個体と人格の発生を支配する。すなわち、それ自体としては、〈自我〉も〈我〉も備えていない「ポテンシャル」のなかに特異性が割り振られると、ポテンシャルは自己を現実化し自己を実現しながら、〈自我〉と〈我〉を生産する。この現実化の姿形は、実現されたポテンシャルにはまったく似ていない」(LS 125)。

こうした位相は、それ自身中心化のシステムをもたないエネルギー空間、あるいは界面空間である。そこで、離散的なエネルギーの流れのなかにあるかぎりでの、受動的総合が問われるのである。これらを通じて、『差異と反復』の個体化論の、最終局面が捉え直されていることはいうまでもない。

†実現の二つの水準——環境世界と世界

ドゥルーズは、こうした静的発生を、二つの水準から押さえていく。

その「第一の水準」は、まさに「個体化」が遂行される位相である。これは、ライプニッツ的に述べれば、正則的なものの特異性が収束していくことであり、そこにおいて、個体とそれが存立する「共可能的」な「世界」が、「環境世界」(Umwelt) として現れてくるとされる。そこでは、離散的な「出来事」の場における、個体への収束が語られる。

「こうして、セリーが収束するという条件で、ひとつの世界が構成される(「別」世界は、えられたセリーが発散する点の近傍で開始するだろう)。世界は、すでに、収束によって選別される特異性からなる無限のシステムを含み込んでいる。しかし、この世界のなかで構成されるのは、システムの有限数の特異性を選別して含み込む個体である。この個体は、システムの特異性を自己自身の身体が受肉する特異性と結合し、そして、システムの特異性を自己自身の正則線まで延長して、内部と外部を接触させる膜の上でシステムの特異性を再形成することすらできる」(LS 133)。

「個体－世界－間個体性の複合体が、静的発生の観点から、実現の第一の水準を規定する。この第一の水準において、特異性は、世界と、世界の部分をなす個体とにおいて同時に実現する」(LS 134)。

ここで「個体」の形成そのものがとりだされていく。そして同時に、個体が成立することに伴い、その個体が表現する「(環境) 世界」が、あるいはその世界のなかで見いだされる他の個体が、まさに共可能的なものとして描かれるのである。アダムが何者かであり、私が何者かであるような世界は、そうした世界をとりまき、そうした世界の表現を可能にしているさまざまな他の個体と、共可能的であるかぎりで成立する。それは「良識」の形成であるといえる。世界は、ある意味では、こうした共可能的なものの連続性のなかにしか見いだされえない。

さらにそこで「出来事」は、「述語」的なものに転換されると述べられる。「世界」とは、ある個体に収束する、共可能的なものにおいて見いだされるのだから、そこで出来事は「述語」として、まさに主語に含まれる「分析的」な事象としてとりだされ、それ自身は個体に内属するとされるのである。しかし、「分析的」なものの、個体への直観的な内属しか問われないこの領野において、いまだ命題的なものは現れてこない。

それは、この「第一の水準」をもとにして示される、「第二の水準」をまたなければならない。そうした「第二の水準」とは何だろうか。

「第二の水準」は、「第一の水準」が提示するような、個体への収束と、そこでの共可能的な世界の成立という制約を備えてはいない。それはむしろ、共不可能的（incompossible）な世界、つまりさまざまなものでありうる反実仮想的な局面を貫いて、それ自身の徹底した「同一性」が産出される場面であるとされるのである。

「［第一の水準の議論での］このモナド、この生ける個体は、連続体あるいは収束円としての世界のなかで定義された。ところが認識主観としての〈自我〉が現出するのは、何者かが、［共可能的であるどころか］共不可能的な世界のなかで、［収束するどころか］発散するセリーを横切って、同定されるときである。そのとき、生ける個体は世界のなかにあり、世界は生ける個体のなかにあったが（環境世界 Umwelt）、主観は、新たな意味での世界（Welt）に「面する」ことになる」（LS 137）。

こうして、「共可能的」なものが形成する「環境世界」ではなく、そもそもそうした水準を越えた「対象＝X」が（つまり共不可能的な世界においても、それがそれであるという同一性を確保する核そのものが）描かれる位相が現出する。これは、言語的な意味作用が組織化され、そこで同一的なものが存在することの根底をなす事態である。それは、「第一の水準」で問題になっていた「環境世界」、つまり「収束円のなかで特異性を組織する」

場面ではない。むしろ「複数の世界あるいはすべての世界に共通する世界」である「世界」(Welt) なのである。

これは、ドゥルーズ－ライプニッツが捉える出来事が、そもそも収束不可能なもの、共不可能的なものを含み込むことを踏まえつつ、そこでの無意味が反響する仕方で、同一性が形成されることを描きだすものである。それは、ドゥルーズが「不確定点」「曖昧な記号」という術語を使って、世界の非決定性と、そこでの現前の余剰を描いていることを引き継ぐものである。

「第一の水準」が「良識」という、方向性に関する規定を導くものであったのに対し、ここでの「第二の水準」は「共通感覚」という「同一なもの」の原理そのものを導入する。そして、「第一の水準」が「分析的」な主語－述語関係を可能にするものであったのに対して、ここでの議論は「総合的」な命題そのものを成立させる。つまり、この水準でこそ、「人格」「特性」「クラス」という、命題とその次元、先に「指示」「表現」「意義＝意味作用」として示した事態が、まさに基礎づけられるのである。

「したがって、演繹の総体はこう提示されるとわれわれは信じる。(1) 人格、(2) 人格が構成する一成員のクラスと、人格に帰属する定項の特性、(3) 外延的クラスと可変的特性、言い換えるなら、そこから派生する一般的概念。この意味において、われわれは概念と〈自我〉との根本的な結びつきを解釈する。普遍的な〈自我〉は、正確に、あらゆる世界に共通する何者か＝Xに対応する人格であり、他我は、複数の世界に共通する特定の何者か＝Xに対応する人格である」(LS 140)。

こうした「対象＝X」としての「同一性」の現出が、自我と他我、そして「世界」そのものを形成する。そこで、『差異と反復』における第五章、感性的世界の議論の末尾を（とくに、そこで他者と「可能世界」が論じられる議論を）、静的発生として辿り返すことが完成される。ここで、「共通」のものである「世界」が形成されるのである。

だが、実現されたものの極限、個体化の先として提示されるこの位相が、決してそれ自身として完成されたものではなく、それが「出来事」の無意味を、きわめて強く反映していることに留意しなければならない。だからこれは、たんなる「差異の取り消し」を示すものではない。同一性とは、あくまでも「生産される」原理であり、それ自身が「超越論的原理」をなすわけではないのである（それが先のフッサール批判への、ドゥルーズ自身の解答であるといえる）。

「発生の第二段階は、つねに意味に余現前する無－意味の操作である（不確定点もしくは曖昧な記号）」(LS 141)。「本当は、人格とはユリシーズである。それは、非人称的な超越論的領野から出発して生産される形態であって、実は人格ではない」(LS 141)。

ここで示される同一性は、あくまでも意味と無意味とが織りなす「超越論的な働き＝ゲーム」の結果＝効果である。それは言い換えれば、言語のもつ同一化の機能に仮託させながら、「共通」なるもののあり方を、世界のなかにシミュラークルとして仮構するものである。だから、言語的な同一性において把捉される世界は、いつでもキャロル的な無意味に晒されながら、言語のパラドックスを引き受けざるをえない。意味はいつでも、言語の水準そのものにおける無意味を、その出来事的な「非物体性」において引き受けつつ、「意義＝意味作用」を形成するのである。

しかし、すでに見たように、こうした「表層」の無意味は、表層を脅かす質料性の無意味にさらに晒されている。そこで、「表層」からの「高所」の成立である「静的発生」に対し、いわば身体の深淵からの「動的発生」が折り重なるように記述されなければならない。それは、言語のパラドックスではなく、言語と身体のパラドックスに関わるものである。

†動的発生について

動的発生は、静的発生とは、議論の位相をまったく異にする。そこでは、身体という深層からの、言語の発生がテーマになるのである。

そこでのドゥルーズの議論は、メラニー・クラインの精神分析に強く依拠している。その議論が開始されるのは、26セリーからのことであるが、動的発生の議論の素描は、それに先立つ、18セリーや19セリーにおいて、すなわちそこでの、深層・高所・表層にまつわる「哲学者の三つのイマージュ」において遂行されている。それは「三次的配列」と「高所」との関連についての、微妙な問題にも結びついている。

『意味の論理学』の後半部分は、精神分析的な語彙の頻出も含め、きわめて錯綜していて、その構成は分かりにくい。ここまで論述が錯綜するドゥルーズのテクストは、かなり希であるともいえ（あえていえば『シネマ2』の、身体や脳の記述の分かりにくさに類似している）、こうした動的発生の記述そのものが放擲されることからも推察できるように、ここでの議論は多くは、ドゥルーズにとっても実験的であったようにおもわれる。

しかし、精神分析的な読解の当否はともあれ、その記述そのものは、明確な方向づけのなかで動いている。そうした見取り図の役割を果たすものが、哲学者の三つのイマージュである。この三つの位相のあいだの移動が、動的発生を特徴づけているともいえる。

「深層」とは、前ソクラテス派に仮託して語られる、分裂症的な質料性の世界である。そこでは、あらゆる事態は脱分節化され、すべては「ノイズ」のなかに落ち込んでいる。「シミュラークル」と名指されるこの世界は、メラニー・クラインの述べる、前オイディプス期に相当する。そこでは「風刺」が重要な役割を演じるのである。

これに対して「高所」が現れる。「高所」は、プラトン派の哲学者、そこでのイデーンフルフト（「観念奔走」）において、あるいはそこでの躁鬱的な上昇方向の運動性や動性によって特徴づけられる。これは「ノイズ」に対する「声」、「シミュラークル」に対する「イドラ」の世界を示している。この世界での言説を特徴づけるのは、「イロニー」（「皮肉」）である。

ドゥルーズは動的発生を論じる際に、まずは「深層」から「高所」への上昇を、その第一の位相として定めている。これはさしあたり、静的発生とは関わりがない。だが静的発生によって形成されると描かれる「三次的配列」は、「高所」という位相と、いわば横あいに連関する。「三次的配列」は「二次的組成」を受けたのちに生じるものであるから、ここでの「深層」から「高所」へという垂直的動きの第一段階とはダイレクトには繋がらない。だがその位相は、まさに「イロニー」の古典的形式を共有するという仕方で、横に繋がってしまうのである。それらはトポロジックに結びついている。

しかしこの事情は少し措く。ついで「表層」の「出来事性」の場面が描かれる。「表層」とは、まさにストア派が見いだした位相である。それは、「出来事」そのものが形成される場面として、特異なパラドックス性に溢れた領野である。この領野は「深層」

の「シミュラークル」に対しては「イマージュ」であり、オイディプス的なものが示す「去勢」の世界、去勢によって「ファルス」が導入され、まさにそこで、空白のシニフィアンが機能する領域である。「高所」における「声」は、ここで「パロール＝言行為」になる。「イドラ」であったものは「イマージュ」になるのである。そしてそこでの言語のあり方は、まさにストア派的な「ユーモア」、自己を欠く者の言語行為にほかならない。

†クライン・ラカンの議論

こうして、哲学者の三つのイマージュによって描かれ、さしあたり表層における出来事性に議論が集約されていくここでの記述は、メラニー・クラインを導入した精神分析的な議論の下図として機能している。

メラニー・クラインにおいて、まず問題となるのは、「深層」のノイズの世界、身体の深淵、つまりは乳児の世界である。

「口－肛門のシステムや食物－排泄物のシステム、掃き溜めの宇宙では、身体は破壊し破裂させられる。摂取され投射される食べ物であり排泄される物である内部の部分対象のこの世界を、われわれはシミュラークルの世界と呼ぶ」(LS 218)。それは「パラノイア－分裂症的」な態勢であり、言語的にいえば、すべてのものがすべてのものに結びつく、

「接続的」(connectif) なセリーの位相である。

これに「抑鬱的態勢」が続く。それは「高所」への逃走であるとされる。「子供は、〈良い〉の様態に依拠して完備な対象を再構成し、この良き対象に自己同一化し、この新たなドラマにおいて良い対象が被る脅迫・苦悩・情念のすべてを分有するのを覚悟の上で、対応する同一性を確保しようと努めるからである」(LS 218)。

こうした「良い対象は、本性的に、失われた対象なのである。言い換えるなら、良い対象は、最初の一回目から、既に失われたもの、失われてしまったものとしてのみ出現し現出する」(LS 222)。

そこでプラトニズム的な同一性が現れる。それは、失われた同一性を探し、そうした同一性を求めていく、「抑鬱的」な動きとして語られる。

メラニー・クラインの論じる前オイディプス的な態勢は、こうして「同一化の機構」である「イドラ」へと移行する。それは「高所」の「声」を生みだすものである。「連接的」(conjonctif) なセリーとして描かれるこの状態は、しかしいまだ「前-意味」的である。それは「意味」の「出来事」化を待っている。

そうした「出来事」化は身体の「表層」において発生する。それは、メラニー・クライン的にいえば、「性感帯」の形成による。「性感帯」は、身体表面の孔の周辺で発生する。

そこでは充足の対象である「イマージュ」が、「シミュラークル」（深層の流動性）とも「イドラ」（すでに失われた高所の観念的同一化的対象）とも異なった仕方で、「出来事」として見いだされるのである。メラニー・クラインにおいて、ここで子供は「オイディプス」期に到るのである。そこでのファロスの内化に到達するのである。

「性器帯こそが、他のすべての部分的地帯を結びつけるべきである。それはファ、ロ、ス、のおかげである……ファロスは器官の役割を演じるのではなく、この特権的な地帯に投射される特殊なイマージュの役割を演じるのである」（LS 233）。そこでこそ、「二次的組成」が成立する。

ここでは、ファロスの到来と、そこでの「出来事」の「組織化」は、良き出来事であるかのように見える。しかしもちろんそれは、ファロスが象徴的な「意味」の組み込みであることに伴う「去勢」（castration）において、失われた破壊の力を再びもち込むことでもある。

「ようするに、必ずオイディプスの企画は、新たな固有の不安、新たな罪責感、先行する二つの去勢［深層と高所でのそれ］に還元されない新たな去勢を産出する。オイディプスにおける〈去勢コンプレックス〉の名にふさわしいのは、この新たな去勢だけである」（LS 237）。

それは新たな「倒錯」を引き起こす。

「すべては、消散するイマージュ、子供のペニスを消失させるイマージュとともに終了するようにみえる。〈倒錯〉とは表層を駆け巡ることだが、ここでは、駆け巡ることに何か歪められたところがあるのが明らかになる」(LS 240)。

オイディプスが形成されることで、そこでの欠損が、深層の無意味や、高所の失われたものではない、別の形での無意味性として捉えられる。それらは、オイディプス的な無意味の「意味」として、象徴的に内化されてしまうのである。それゆえそこでは、物理的な表層(「性感帯」として組織化された身体)からさらに別のものが、つまり「形而上学的な表層」が、つまりは「思考」が立ち現れてくる。

「行為全体が、性的で物理的な表層によって構成されるスクリーンと、すでに形而上学的な表層ないし「脳」の表層によって構成されるスクリーンの二重のスクリーンに投射されるかのようである」(LS 242)。「非身体的な表層で、思考のこの裂け目に、われわれはアイオーンの純粋な線、あるいは、思弁的な形態での死の本能を認める」(LS 243)。

こうして、メラニー・クライン的な術語を利用しながら、深層の身体からの動的発生を追跡する議論は、その「表層」における「思考」の発生へと、あるいはそうした「思考」に含まれる「死の本能」の露呈へと、そこでの永遠の現在が描かれる出来事性そのものへと結びつけられていく。その上で、ファロス－去勢についての議論は、静的発生の段階で見いだされていた、言語的なパラドックスの核心、「浮遊するシニフィアン」の位相に繋がれる。

「……ファロスが自己自身との関係において欠落あるいは過剰であるのは、ファロスの線が去勢の痕跡と同一視されるときであり、過剰なイマージュが、子供のペニスを担いながらも、イマージュ自身の不足だけを指示するときである……ファロスこそが、パラドックス的要素や対象＝Xであり、つねに自己自身の平衡を欠き、同時に過剰かつ欠落であり、決して自己に等しいことはなく、自己自身との類似性、自己自身の同一性、自己自身の起源、自己自身の場所を欠き、つねに自己自身から移動する。すなわち浮遊するシニフィアンかつ浮遊させられるシニフィエであり、占有者なき場所かつ場所なき占有者であり、空虚な枡目（その空虚によって過剰をも構成する）かつ定数外の対象（その定数超過によって不足も構成する）である」(LS 265)。

この「対象＝X」としての「ファロス」が、「離接的」(disjonctif) な「総合」を可能にすることになる。つまりそこで、静的発生の「第二の水準」において、あくまでも離接的に分散した「世界」＝Welt の形成として捉えられていた、共不可能的なもののあいだでの同一性である対象＝Xが、「表層」における「ファルス」の、二重化されたスクリーンの投影において定位されるのである。そこで「離接的総合」（synthèse disjonctive）が「分離の積極的で肯定的な使用」（LS 267）として見いだされる。キャロルが、カバン語としてとりだしていた場面が、キャロル的な議論を乗り越えながら描かれるのである。

†言語の動的発生

精神分析に依拠した上述の記述が、言語の形成と組みあわされる。動的発生の「第一段階」とは、「分裂症態勢」から「抑鬱的態勢」への移行であり、それは「ノイズ」から「声」の形成を意味している。たんなる質料性としての音から、「高所」に待避し、「先在するものの名において自己を表現し、あるいはむしろ、先在するものとして自己そのものを措定する声」（LS 267）への移行が、そこで語られるのである（声はノイズではなく、失われた対象を指示するイドラとなる）。そして「第二段階」においては、性的態勢の各段階に対応した、性と言語との重なりが明らかにされる。「音素を性感帯と、形態素をファロス段階と、意義素をオイディプスの進化や去勢のコンプレックス」（LS 269）と結びつけることが、その具体的な内容になっている。

分離の総合が、対象＝Xを見いだし、それが高所の「声」の示す「前意味」を引き受け、まさに表層からの意味と無意味の働きを配分していく。言語の動詞的な発生も、ここで跡づけられる。それは、「表層」の組織化とされる「二次的組成」を基盤とした「三次的配列」の形成であるといえる。

これは、単純に静的発生と重なるものとはいえない。静的発生においてとりだされた事情が、動的発生の各段階において捉え直されなければならない。ここで微妙な役割を演じるのが、こうした表層からの「三次的配列」と、「高所」との、「イロニー」というレトリカルな機能を軸とした結びつきである。

「一次的秩序では、語は、直接に身体の受動や能動であるか、退去した声である……猥雑な語と冒瀆の語の緊密な結合は、言葉の本来の風刺的な価値の証しである。われわれは退行そのものが退行していく過程を風刺的と呼んでおく」(LS 287)。

「しかしながら、高所は言葉に新しい価値を準備する。言葉において、高所は、高所の独立性、深層との徹底的な差異を肯定する。言葉が卓越性(éminence)・等声性(équivocité)・類比性(analogie)の関係に即して広がるたびに、イロニーが現出する。これらの三つの伝統的な大概念は、レトリックのあらゆる文彩の源泉である。だからイロニーは、言葉の三次的配列に自然に適用されることになるだろう。三次的配列には、意義の類比性、指示の等声性[=両義性]、自己表出するものの卓越性が伴われる。また三次的配列には、個体・表象・人称と存在との関係において、自我と世界と神を比較するゲームも伴われていて、これがイロニーの古典的でロマン的な形態を構成する」(LS 287-288)。「深層」は「風刺」であり、「表層」は「ユーモア」であった。しかし「高所」は「イロニー」という、特定のレトリカルな形態を提示する。動的発生は、これまで見てきたように、深層から高所へ、そして表層へと到るものであった。「二次的組成」のなされる「表層」では、物理的平面(性感帯の組成)と形而上学的表面(パラドックス的要素としてのファロス)がスクリーンの二重写しになり、脳の表面において「三次的配置」が定位されてきた。「表層」からの秩序の形成は、まさに指示・表出・意義の形成として、同一性の「表象」を描く、さまざまな事態を可能にするものである。こうして静的発生を、無意味の深淵からの生成である、動的発生が跡づける。

そこでは動的発生の「一段階」として見いだされた「高所」のもつ、「イロニー」的な性格が、その「古典的でロマン的」なあり方において、「三次的配列」に強く関与することとが際だたせられる。「出来事」の上に形成され、「出来事」の「自らを欠く」ユーモア性から、その同一性を「イロニー」として産出する運動は、動的生成の「高所」を模する仕方で、対象的世界・人称的な同一化・概念の実在そのものを、離接的総合における対象=Xと連関づけるのである。それは、風刺である深層から突き上げられ、ユーモアである表層とのあいだで漂うイロニーの形態として、それ自身の完成に到る。同一性の内容なき同一性の形式的設定。そこで、高所と三次的配列は、いわば横あいに繫がっている。

これが、『意味の論理学』でドゥルーズが描きだした「発生論」の帰結であるといえるだろう。では、それをどう捉えればいいのか。

†動的発生のまとめ

すでに述べたように、『意味の論理学』が、身体と言語とをテーマとし、パラドックスの装置に依拠しながら、『差異と反復』で描かれていた発生論を、動的な深淵から捉え返す試みであるならば、この書物は、（形式的にセリーの構造をもっているにもかかわらず）、きわめて強固な構成において描かれた著述であるといえるだろう。

そこでは「深層」の領域を描くために、『差異と反復』では導入されていなかった（時間論を補足するように記述されただけであった）精神分析の議論が、現代的な形而上学として採用されている。そして、身体からの言語の形成については、深層からの、対象＝Xとして規定される「同一性」の「発生論」が描かれるのである。

それと同時に、しかしここでの対象＝Xが、たんなる同一性の確保ではないこと、対象＝Xそのものが、パラドックス的な審級を引き受けた、「離接的な総合」の成果＝効果であるにほかならないこと、これが着目されるべきだろう。対象＝Xの形成として語られる「世界」の成立とは、「高所」であるイロニーに折り重なりながら、それ自身無意味が表層において意味化することであり、まさにそこでの同一性の欠落というあり方を反転させた、離接の肯定でしかない。それが動的な発生そのものを引き受け、個体と同一性の発生を思考した、ひとつの帰結であるといえるだろう。

だが、そう語るのであれば、そうした「発生」とは、結局は何であったのか。それは端的な同一性の廃棄でも構わないのではないか。あるいはそのような形成が、「表層」における、構造的なコマの移動にすべてを集約させるならば（そこで、ユーモアではないイロニーの成立が見てとられるならば）、そこであえて三つの位相を区分した発生論を展開する意味がどこまであったのか。

七十年代以降の、ドゥルーズ＝ガタリとして活動をおこなうドゥルーズが、ここまでの議論の配置から、はっきり距離をとることは、これらの疑問と繫がるだろう。そこでは、深層の領域は、それ自身表層の領域に張りだして、もはや垂直的な運動性は語られなくなる。分裂症的な作動は、「器官なき身体」というタームのもとに、それ自身が「離接的な総合」としてのリゾーム的な作動を覆い尽くす。そうであれば、そこではまさに、「現実的なものの一元論」という、薄層が重なりあったものとしての世界のイマージュが前面に押しだされるだろう。

後期のドゥルーズを捉えるためには、ドゥルーズが哲学を語っていた「発生」システムからの「転回」が生じていることを視野に入れなければならない。この「転回」を考えなければ、ドゥルーズ＝ガタリと、まさに「発生論」としての「哲学」を遂行していた前期ドゥルーズとの結びつきは、本当のところ明確になしえないはずである。

こうしたドゥルーズの思考の「転回」は、もちろん前期の思考と連続している。その連続性と断絶は、さしあたりいくつかの文学論の試みにおいて見てとれるのではないか。七十年代になって、ガタリとの関係が深くなり、文学機械という表現を用いだすに到るドゥルーズの記述を、後期ドゥルーズへの「転回」を彩るインテルメッツォとして、位置づけることはできないであろうか。

第五章

ドゥルーズ＝ガタリの方へ——文学機械論

†ドゥルーズと文学――ドゥルーズと言語

この時代のフランスの哲学者の誰もがそうであるように、ドゥルーズもまた文学への強い嗜好をもっていた。発掘された初期の作品のいくつかは、文芸誌に向けて書かれたものである（「無人島の原因と理由」がその一例である）。文学・文字・記号への関心は、「シーニュ」（通常「記号」と訳される）という、『差異と反復』のひとつのキーワードにも結実している。ドゥルーズの、現代芸術へのさまざまな議論が顕在化するのは、ガタリと出会って以降のことである。だが、文学への嗜好そのものは、「哲学」の時期のドゥルーズにおいても明白である。それは、『プルーストとシーニュ』初版の内容が、『差異と反復』と強い関わりをもっていることからも理解できる。このプルースト論は、初期のドゥルーズの思考の流れにそっくり対応しているのである。また、『意味の論理学』に所収されている、クロソウスキー・トゥルニエ・ゾラについての論考も、それぞれが『差異と反復』で描かれるアイデアに照応している。ドゥルーズが、文学をひとつの事例として、哲学をおこなっていたことは間違いがない。

こうしたドゥルーズ初期の、文学との関わりについて、ともあれ二つのことを述べておきたい。

ひとつには、このように文学に対する強い嗜好をもちつつも、しかしドゥルーズのエクリチュール一般に対するこだわりは、かなり希薄だということである。プルースト論における「シーニュ」の議論は、『差異と反復』での個体発生の境界論に定位されるのだが、そこでの「シーニュ」とは、いわば差異がその齟齬において煌《きら》めくときの、界面現象のことである。さまざまなシーニュの分類も、結局はそうした、熱力学的・物理学的・生物学的事例にモデルをとるような現象化の事例の、文学への適用であってしまう。

つまりドゥルーズには（『意味の論理学』での、言語の自己言及性のパラドックスへのこだわりにもかかわらず）、いわばエクリチュールそのものを問い詰めることにより、世界の構成を理解しようという、まさに二十世紀的な「言語論的転回」に即応した姿勢は欠落しているのである。この点は、（もちろん二十世紀的なものよりもはるかに古層からの）思考のエクリチュール性や、それと生とのズレやパラドックス性に関心を払ったハイデガーやデリダの議論からは、相当に距離をとるものである。ドゥルーズは、言語システムや文学システムを、世界を論じる際の特権的な場として捉えることはない。言語的な事例も、どちらかといえば、生命システムを軸にした、自然生態系の一般的存在論のなかでの、ひとつの補完的な装置であるかのように見える。

しかし文学に関する議論が、それとは別の視角を導く軸になっていることも見逃しえない。

このことは、『プルーストとシーニュ』の、初版からの書き直しの経緯に見てとることもできる。『プルーストとシーニュ』は、確かにドゥルーズの著作である。しかし現在の版においては、初版と異なり、「アンチロゴスまたは文学機械」という、ガタリとの共同作業期に著された部分が、あまり整合性のとれないかたちで付加されている。それはドゥルーズが、文学というエクリチュールの領域を介して、機械の議論というガタリ的な主題への接続をおこなっていったことに、深く関わっているようにおもえる。つまり、エクリチュールの議論は、生命システム論で語られていたような垂直的な発生の力学的働きを、機械的な作動として、そこでのアジャンスマンの働きにおいて捉え直させる役割を果たしてもいるのである。

ガタリとの共著である『カフカ』となると、すでにガタリ的な概念が前面に現れてしまう（それはこの本では扱わない）。しかし、『プルーストとシーニュ』では、ドゥルーズの初期に属する地層と、明らかにガタリとの共同作業に繋がる部分とが接合されている。その意味でこの作品は、大変に据わりが悪いものである。だが、そこでの記述の変容は、それ自身、ドゥルーズの姿勢の推移の表れと見なすことができるのではないか。生命から機械への移行、深層からの垂直性ではなく平面性への展開が、文学機械という事例において際だって提示されている。それは初期のドゥルーズが、言語とその解釈という位相に冷淡な態度をとっていたことにももちろん関わっている。文学機械という装置は、決してシニフィアン的なものではないのであり、やはり生態的自然的な機械への、エクリチュールの適用であるのだから。

†クロソウスキー論

しかしとりあえずは、『意味の論理学』の補遺である三つの作品、クロソウスキー論・トゥルニエ論・ゾラ論をとりあげよう。それらは、『差異と反復』と『意味の論理学』の各部分の変奏として、この両者を繋ぐような役割を果たしている。

クロソウスキーについては、何といっても、この人自身のニーチェの解釈、とくに「永劫回帰」の解釈のドゥルーズに与えた影響が甚大である。「永劫回帰」論は、『差異と反復』の「第三の時間」における、「裂け目が入れられた自我」の発想の基本になっている。ここでのクロソウスキー論でも、やはりこうした「第三の時間」との繋がりが、最終的に焦点になる。

だが同時に「クロソウスキー、あるいは、身体‐言葉」と題された、この小論考においては、もちろん言葉と身体という二つの事例の連関もポイントになっている。言葉で語ることと、身体であることととの結びつきは、『意味の論理学』の主題そのものである。この小論考では、この両者の繫がりは、それぞれのあり方を反射し、さまざまに多重化していくことにおいて描かれる。それは、この両者が接合される、「表層」の記述に即応している。

「人は決して誰かに向かって話すのではない。人は誰かについて話し、その誰かを反射し二分する能力に向かって話すのである。まさにそうして、人は誰かを名づけるなら必ずや奇妙な鏡である精神に向かってその誰かを破棄通告するのである……見られるものと話されるものとが、また、見る者と話す者が多重化し反射する」(LS 330)。

身体と言葉という二つの位相は、自らを否定する振る舞いをそれぞれが内に含み、そうしながらそれぞれのあり方を多重化することで、重なりあうとされる。それは「屈曲」として語られている。「しかし身体が屈曲であるのなら、言葉も屈曲である。屈曲語法の特性が、それを覆い隠すすべてのものから最終的に解放されて現出するためには、語が語を反射し、語が語のなかへ反射することが必要である」。「言葉が身体を模倣するのは、オノマトペによってではなく、屈曲によってである」(LS 332)。

身体が自らを否定するような振る舞いを身体においてなしうること、それが屈曲を意味し、同時に言葉の言葉への侵犯に重なっていく。それぞれが反射し、反映し、二重化する論脈は、シミュラークルや分身についての、これまでのドゥルーズの議論の捉え返しになっている。

こうした議論は、最終的には、カントの述べる選言的三段論法に関するクロソウスキー独自の解釈に繋がっていく。その端緒は、身体と言語のあいだに存在するジレンマである。クロソウスキーは、そうしたジレンマを神学的な事態と捉え、そこから選言的三段論法へ、すなわちカントが（自我でも世界でもなく）神について語った三段論法へ結びつけていく。そこではまさに、同一性を巡る、「離接的総合」がとりあげられる。

「したがって、カントでは、選言がそこから派生するリアリティにおける排除に結びつけられ、それゆえに、選言が否定的で制限的な使用に結びつけられたままであるかぎりで、神は選言的三段論法の主人として発見されるのが明らかになる」（LS 344）。しかしクロソウスキーにとっては、「選言的三段論法の主人は、神ではなく、反対に、反キリストである。それは、反‐神が、それぞれの事物があらゆる可能な述語を通り過ぎる経路を決定するからである」（LS 344）。

選言的三段論法を、カント的な排除的な利用法から引き離し、そこにおける離接的なものの肯定性を見いだしていく論法は、『アンチ・オイディプス』で展開される誤謬推論の記述にも繋がっている。それ以上に、こうした定式化が、まさに離接的な総合という、

「第三の時間」の肯定的な解き放ちに関連していることは改めて述べるまでもない。

こうしてクロソウスキーに関する議論では、『差異と反復』において「第三の時間」として語られていた「永劫回帰」や、そこでの同一性の廃棄と、それによって見いだされる「絶対的な差異」の肯定という事態が、『意味の論理学』における、言語と身体というテーマと連関させて語られることになる。そこでの共不可能的なものの肯定は、『差異と反復』での副次的矛盾の議論でも、『意味の論理学』の出来事論でも軸をなしているのだが、それがここでは、「永劫回帰」としての「第三の時間」とダイレクトに繋がれ、同一性の解体と離接というテーマが前面に押しだされていく。

†トゥルニエ論

この次に置かれているトゥルニエ論、「ミシェル・トゥルニエと他者なき世界」は、すでに（異例なことに）四回も翻訳がなされている（『意味の論理学』の初訳の法政大学出版局の宇波彰・岡田弘訳、ルクレティウス論とトゥルニエ論を抜粋して訳した哲学書房の丹生谷貴志訳、『意味の論理学』河出文庫版新訳の小泉義之訳、さらにはミシェル・トゥルニエの『フライデーあるいは太平洋の冥界』岩波書店に付された榊原晃三訳がある）。

この論考が数度にわたって訳出されている所以《ゆえん》は、それがドゥルーズにとって希なことに、他者の議論を扱うものであることに由来しているのではないか。それは、トゥルニエの描くロビンソン・クルーソーの世界、すなわち他者が消失した世界における知覚の変容を捉えながら、逆に他者性の構造に迫る仕組みをもっている。

この議論は、『差異と反復』第五章の末尾の部分、まさに最後の箇所で、「他者性」と（個体の）「死」という、ベルクソン－ドゥルーズ的な哲学の構成にとって、もっともほど遠い主題が論じられる場面と結びつけられうる。他者性や死という、存在における否定的なものの典型は、ドゥルーズの哲学の構成から、一面では徹底的に排除されていたものにほかならない。

だが『差異と反復』第五章の最後の部分で、ドゥルーズは退けられるべき主題であった他者性と死について、個体との連関によって議論を立てようとする。そこでは、差異の「分化」とそれによる「現実化」という事態が辿られ、差異という事態が取り消される果てのような場面で、個体化というプロセスの一種の完成様態とその裏面が描かれるのである。そこで、他者というアプリオリな構造は、恐怖という情動の表現を事例にとりながら、「可能世界」の成立として見いだされており、「トゥルニエ論」とも内容的に重なっている。

こうした否定性は、個体が形成された世界の記述であるのだが、『差異と反復』を読むだけでは、やはり（何よりもその記述の短さから）付属的に捉えられてしまい、それがどのような内容の豊かさに繋がっていくのか、いまひとつ容易に理解しうるものになってはいない。しかし、『意味の論理学』の「トゥルニエ論」は、いわば議論を逆にして、他者のアプリオリな構造が消滅していくことから見いだされる記述をなすことで、こうした問題に接近している。

では、他者のもつ意味とは何だろうか。この点で、他者-構造を論じるドゥルーズの描き方は、他者自身というよりも、むしろ他者を含む領野こそを問題にする。そこでは、他者が存在することにより、知覚世界に「奥行き」が生じることがテーマになる。知覚世界とは、そこで他者が、同じものを横からも見ることができる世界、そうした可能なあり方(可能な横幅)を含んだ世界として捉えられるのである(他者の恐怖の情動も、可能世界の同様の事例である)。

こうした他者構造が、無人島に漂流するロビンソン・クルーソーにおいては消失してしまう。ではこの消滅は何をあらわにするのか。

ドゥルーズはそこで、一切の奥行きが消え去り、意識と物とが区別されない仕方で、事物が立ち上がってくる場面を描いている。「なまの黒い世界、ポテンシャルも潜在性もない世界、崩れたのは可能性のカテゴリーである」(LS 356)。これをドゥルーズは、世界のエレメントそのものが立ち上がってくることとも述べている。それは、他者性の構造によっては隠されて押し込められてしまった、世界の要素＝エレメントそのものが、露呈されてくることなのである。

他者が失われると、まずはそこで他者的なものの痕跡が探られるが（神経症の時期・その不在を考えること）、次第に他者構造そのものが溶解していく（精神病の時期）。そこは『意味の論理学』において述べられていた「一次的秩序」としての「深層」が、あるいはそこでのシミュラークル性が際だってくる場面である。ところが他者性が完全に欠落すると、いわば純粋に「表層」の世界が、そこでの「イマージュ」こそが立ち上がる。ともにいるフライデーは、そこではすでに他者ではなく、他者とは他なるものとしての意味をもつことになる。「おそらく表層で、霧のように、事物の未知のイマージュが解き放たれ、大地からは、エネルギーの新しい姿形、可能的他者なき表層エネルギーが解き放たれる……表層の上の天空的な俯瞰……」（LS 366）。表層において、シミュラークルは「幻影」になるのである。

ドゥルーズは（もともとのデフォーのロビンソン物語が、経済的な議論に集約され、性的な記述を含んでいないことへの批判も含め）こうして現れる世界を「倒錯的世界」と名指している。「他者‐構造」に対し、「倒錯‐構造」を示すこの世界は、一切の可能性が必然性に置き換わるスピノザ的な世界でもある。そこでは、他者とその可能性、他者への欲望の世界が見えなくさせている世界のエレメントへの欲望が、倒錯的に、根本的に脱性化された仕方で、つまりはある種の「健康」において見いだされていく。

ドゥルーズにとって、「表層」の出来事の自然主義が、人間的他者とは別の、他なるものの解放に向かっていることが何よりも着目されるべきである。他者‐構造にとって代わるのは、倒錯‐構造であるのだが、そうした倒錯のなかで、「表層」の生の意義が、『差異と反復』とは異なった仕方で、『意味の論理学』の出来事性に引きつけられて描かれている。

†ゾラ——裂け目とタナトス

先の二つの作品が、『差異と反復』や『意味の論理学』と比較的連関させやすい作品であったことに対して、ゾラを扱ったこの作品は、そのテーマが含む多彩さにおいて、目を見張るものがある。ゾラ自身が、きわめて十九世紀的な、機械と資本主義、あるいはそこでの人間の欲望に目を光らせていた作家であった。そうした事態を捉えるドゥルーズの視線にも、『アンチ・オイディプス』へ繋がっていくような、さまざまな主題が含意されている。

ゾラの主要作品ルーゴン＝マッカール叢書の一冊である『獣人』を扱った、「ゾラと裂け目」というテクストの主題は非常にはっきりしている。それは「遺伝」を巡るものであり、遺伝に関するかぎりでの生物的なものと歴史との絡みあいがテーマになっているのである（ゾラと当時の遺伝学との科学史的な関連については金森修の記述がある。「仮想の遺伝学」『ゾラの可能性』藤原書店所収）。

第一に重要な点は、ここでドゥルーズが遺伝に関して、「裂け目」と「それに付着するもの」を区別している点である。遺伝とは何を伝えるものなのか。もちろん遺伝に伴うさまざまな性質を伝えることでもある。ひとはアルコール中毒を伝えるし、病を伝えるし、身体的な形質を伝える。しかしそのときに伝わっているものは、「裂け目」に付着する何がしかの特徴にすぎない。だが伝えられるべき当のものとは、諸特徴がそれに付着する「裂け目」そのものではないのか。「遺伝は、裂け目を通って過ぎるものではない。遺伝は、裂け目そのものである。つまり、知覚不可能な裂け目や穴である」（LS 373）。遺伝において、生殖質とは「裂け目」であり、生殖質だけが「裂け目」なのである。「裂け目」の周りに配分されるもの、それは気質や本能や粗野な貪欲であるだろう。それはワイン、貨幣、権力、女性という諸対象と結びついている。しかしそれらが遺伝であるわけではない。

第二に重要な点は、そこでドゥルーズが、こうした「裂け目」を「叙事詩的な大きな遺伝」として捉えている点である。それは「エポス」（叙事詩）としての遺伝といわれる。

それに対比させられるのは、小さな遺伝である「歴史的」な遺伝であり、それは「ドラマ」であるとされる。

これは、さまざまに考えるべき点を含んでいる。叙事詩的な大きな遺伝というのは、「裂け目」が遺伝することであり、それはまさに生命が遺伝するということである。しかし生命は、生命体に付着する、病や性質のことではない。生命それ自身は、それが何であるかを言明することはできない。だが、生殖がなされる際には、必ず生命そのものが遺伝されている。「裂け目」が伝わることが問題なのである。

別の視角からいえば、ここでの議論は、アガンベンが、ビオスとゾーエ、個人的な生と生物的な生という区分によって論じている内容にきわめて近い。小さな遺伝とは、個人の身体や精神の性質の遺伝のことにほかならない。それはビオスとしての、それぞれの個人史的な歴史のなかで伝えられる事象である。しかし、叙事詩的なものとして捉えられるものは、まさにゾーエとしての歴史、つまり自然史のことではないだろうか。自然史とは、人間がそれをどうこうすることが可能であるとはとてもおもえない歴史のことである。それは大地の歴史であるだろうし、自然の歴史のことであるだろう。これは、歴史という言葉そのものと照らしあわせると、パラドックスめいて聞こえるかもしれない。だが、生命を伝えるということには、生命「そのもの」を伝えることが必ず含意される。それは時間のなかでの働きである以上、歴史的な表現と折り重なると同時に、歴史的なものを支える当のものですらあるだろう。しかし、それについて言及することも、それを何かといい当てることも、誰にもできない。それは「裂け目」にすぎないのだから。

そして第三に重要な点は、こうした「裂け目」を、ドゥルーズは「死の本能」＝「タナトス」と表現していることである。これは遺伝されるものが、「裂け目」である以上、それが示す無というあり方を考えれば妥当であるだろう。またこれは『意味の論理学』の表層論における、脳のスクリーンにおいて（『差異と反復』での「第三の時間」を受けながら）「裂け目」が内化されることと内容的に重なってもいる。しかし、生命であることを示すのに、死の本能をもちだすのは、これもきわめて精神分析的な色彩を帯びた展開である。死の本能とは、「他の本能と並ぶ本能のひとつではなく、その周りにあらゆる本能が群がる裂け目自身」（LS 378）なのである。他の本能が「よく話し」「雑音」を立てるのに対して、死の本能は「沈黙」している。

死の本能が生命そのもののことであり、それこそが、個体から個体に繫がれる「裂け目」であること、それは、生命とは死するものであるという記述としてはよく理解できる。しかしそこでの死が、たんなる空虚なイメージのみで捉えられてしまうと、それと生殖質としての遺伝の意味が、あるいはそれが自然史に繫がることの内実が、よく語られえないともいえる。

ここで、この論考の第四のポイントが描かれる。それは「機械」というテーマとの結びつきである。主人公ランチエが見いだす機械＝機関車への固執である。「若い男であるランチエは、死の本能があらゆる貪欲に変装する仕方、〈死の観念〉があらゆる固定観念に変装する仕方、大遺伝が小遺伝に変装する仕方を強く予感しているので、ランチエは、まず女性を、さらにワインと貨幣を、また合法的に抱ける野心も遠ざけている……彼の唯一の対象は機械である」(LS 379-380)。

ここで機械＝機関車が、「叙事詩的」な対象として、つまり「裂け目」であるものとして、そして「死の本能」として明らかになっていく。こうした機械的なものにおいて、人間的な歴史と自然の歴史は重なりあい、そこから分岐していく点が捉えられる。このように機械概念をとりだすことは、ドゥルーズ＝ガタリの欲望機械の記述に結びつく。それは、ただの「裂け目」であることを、生産する機械へと繋いでいく。

「……おそらく裂け目は、死をもって死を裏切らせ、本能の突然異変を遂行することがある。アルコール本能、エロスもしくは投機本能、保存もしくは破壊本能ではなく、進化的であるような本能をつくることであろうか……叙事詩の同じ運動のなかで、最低の本能が恐るべき〈死の本能〉に反映し、また〈死の本能〉が開空間に反映し、たぶん〈死の本能〉を裏切るのである。ゾラの社会主義的楽観主義とは、裂け目をすでに通り過ぎているのはプロレタリアートであるということである」(LS 385)。

死の本能は機械として表現されることにより、死が死であることを裏切り、ある種の未来を指し示すものになる。そこではもちろん、機関車という機械そのものが、十九世紀という時代のなかで、進歩とスピードの象徴的な産物であったことは着目されるべきだろう。そして、ゾラが位置する十九世紀は、まさにベンヤミンの世紀、ベンヤミンがパサージュ論で描きだしたパリと折り重なるように、機械的なテクノロジーが現出し、商品化された流通が形成され、プロレタリアートと革命の可能性が芽生える歴史性において捉えられる時代である。ゾラは、そうした資本主義的な時代性のなかで、自然史的なものであるエポスの本能を、機関車というテクノロジーに仮託させながら語るのである。これがドゥルーズ＝ガタリの語る機械に、本質的に深く結びついたものであることは、改めて指摘するまでもないだろう。

†プルースト——芸術と本質

『プルーストとシーニュ』は二つの大きな特徴を備えている。

ひとつはいうまでもなく、この書物が、表題にあるように「シーニュ」を主題とし、世界を解読すべき事象として捉えている点である。それは、『差異と反復』での「シーニュ」の議論を引き継いでいる。そしてもうひとつは、この著作では、ドゥルーズ単独で著された部分と、ガタリとの共著の時期に書かれた増補部分とが、接合されていることである。ここからは、文学機械として、機械概念を前面に押しだしていく、後期のドゥルーズとの深い繋がりを見てとることができる（現状の法政大学出版局の翻訳は、第二版にも即しておらず、文学機械の記述が、初版の結論の前に来てしまっているが、原典では第一部と第二部は、はっきり分離されている）。

「シーニュ」の概念を中心に置く、第一版のドゥルーズの記述は、『差異と反復』の展開と明確に折り重なっている。「シーニュ」は、それ自身が「出会いの対象」であり、「思考を強要するもの」であるという意味で、『差異と反復』との繋がりのもとにある。このことは、この書物ではとりわけ「感覚的なシーニュ」と関連する。そして、そうした「感覚的なシーニュ」を核にしながら、理念的なものが現実化することが、「社交界のシーニュ」と「愛のシーニュ」に割り振られ、そして潜在性の位相における根源的な時間に到ることが、「芸術のシーニュ」によってとりだされる。この書物は、ドゥルーズの潜在性の存在論を、「シーニュ」による世界現象の解読として捉えていくものである。

「事実の存在を信じるのは誤りであり、シーニュしか存在しない。真実の存在を信じるのは誤りであり、解釈しか存在しない。シーニュはつねに曖昧で、暗黙的で、含意的な意味である……すべては含まれ、包括されており、すべてがシーニュであり、意味であり、本質である。すべてがこの薄暗い領域に存在している……」(PS 112)。

ここで、この書物で分類される四つのシーニュについて、順次見ていこう。

社交界のシーニュ、愛のシーニュ、感覚的なシーニュ、芸術のシーニュが、『プルーストとシーニュ』を構成する四つのシーニュである。この四つのシーニュは、ドゥルーズ的な潜在性のシステム論の段階に対応している。さらにそれは、プルースト的な主題である「失われた時」を巡って、ベルクソン的な時間の議論ともリンクする。

まず、社交界のシーニュと愛のシーニュをとりあげよう。この二つのシーニュは、理念的なものが現実化され、分化されたものになった水準に定位されるシーニュである。社交界のシーニュの典型例は、「精神的」な階級をもった社交界でとりかわされる形式的な会話である。こうしたシーニュは、「空虚さ」によって特徴づけられる。空疎な会話、自らが属する教養の階層についての形式性。さらにはそこに「愚かさ」と「忘却」という事態が付け加わる。

愛のシーニュは、社交界のシーニュと同様に、感性化された領域に位置し、とりわけそこでの「個別化」との関わりが深いシーニュである。愛のシーニュは、『失われた時を求めて』では、さまざまなかたちで見いだされる。その典型例は、数多くの娘たちのなかから、特定のひとりの娘が愛の対象として浮かび上がってくる、包括（complication）−展開（explication）という理念の運動を描くものである。見えないものが見えてくる個体化という展開は、愛のシーニュにおいて捉えられる。

愛のシーニュの特徴をなすのは「嘘」である。何故か。愛のシーニュは、恋人の頬の赤らみ、身振り、仕草などを「解読」することから見いだされる（これらの記述は、トゥルニエ論で描かれた、「他者」と「可能世界」、つまり差異の分化の最終段階としての他者論に再び結びつく）。そこでは、感性的なものを知性によって「解読」する作業が欠かせない。しかし知性による解読は、つねに決定的には知りえないものを探ることでしかない。そこで他者とともに描かれる可能世界は、解読不可能なものの解読でしかありえないのである。それは、情動的には「嫉妬」と関わるし、それ自身としていえば「嘘」というテーマに結びつく。ここでの「嘘」には、とくに道徳的な響きは含まれていないだろう。むしろ個体化された存在は、どこまでも解読不可能なシーニュとして現出することにより、必ず「嘘」を含意してしまうことが問われている。

愛のシーニュは、さらに「同性愛」という事情を隠しもっていると述べられる。これはプルーストにおける、ソドムとゴモラの議論に関わる。そこでは、プルーストの作品における植物の比喩が重視され、その両性具有性がテーマになる。生物を細胞として捉えるときに、それ自身は両性具有的なものでしかありえない。そこでは、異性愛と同性愛という愛の分化はそもそもなされていない。しかし、個体化が進行した生物における愛では、男性と女性とはあらかじめ分岐されてしまう。だが、愛のシーニュは、愛の秘密を解読するものである以上、人間が生命として備えている両性具有性を、植物性の水準においても見いだしてしまう。

社交界のシーニュと、愛のシーニュとが、「空虚さ」と「嘘」という、否定的なものにおいて特徴づけられるのは、「理念」が分化する段階で、否定性が発生することに呼応しているだろう。分化されたものは、それが根づいている本質から切り離される。さらにここでの議論は、時間論との繋がりにおいて、社交界のシーニュが「ひとが失う時間」(temps qu'on perd) に、愛のシーニュが「失われた時間」(temps perdu) に対応するとされる。「失われた」という事情が、その過去性と、そこで描かれる否定性に結びつけられている。

感覚的なシーニュと芸術のシーニュは、これとは位相を異にする。それは、分化された水準への関わりが少ないシーニュである。そこでは、潜在的な理念の世界、差異としての本質の世界がとりだされる。それは「習得」という、過去ではない、未来に向けられる時間のラインとも重なりあう。

　感覚的なシーニュは、「出会いの対象」に直接結びついている。それはまさに、「思考」を無意識的に強いるものである（それは意志的な知性の働きではない）。プルーストの描くマドレーヌの味、マドレーヌを口に含むことによって、抗《あらが》いがたくある過去へと連れ去られるという事例は、その際だったものである。感覚的なシーニュの特権例は、匂いや味に強く関わっている。それらは、身体への密着度がきわめて高い事例である。これは、分化と差異化との境界において、まさに理念が差異として煌めいていく、『差異と反復』におけるシーニュの規定にもっとも適合したものだからであるだろう。皮膚的な表層性との繋がりも、ここに見てとるべきかもしれない。

　それは、時間論との繋がりでいえば、「ひとが再び見いだす時間」（temps qu'on re-trouve）に呼応する。感覚的なシーニュは、感覚的であるにもかかわらず、非感覚的な理念こそを思考させるものである。こうした理念への立ち返りは、時間の議論を、「再び」見いだされた時間として扱うことにより、反復的に未来への習得という事態に結びつけていく。

　さらに第四のシーニュである芸術のシーニュが、本質のシーニュとして示される。芸術のシーニュそのものは、音楽という事例において提示されるが、それは物質的なものとの関わりをもつものではない。むしろ物質性との関わりから逃れることによって、それは「絶対的で根源的な」時間に、つまり「永遠」という時間のイマージュに触れていく。芸術のシーニュこそが、「再び見いだされた時間」(temps retrouvé)のもつ「永遠性」を露呈させてくれるのである。

そこで芸術のシーニュが示す本質とは、まさに「差異」のことである。「それは差異、究極的で絶対的な〈差異〉である。それは存在を構成するもの、われわれに存在を捉えさせるものである」(PS 53)。内的で質的な差異が存在を形成し、その個体化と反復の働きが、現象的なものを見いださせる。

こうしてシーニュの分類学は、ドゥルーズの理念論をはっきりと辿り返すものであることが分かる。シーニュのそれぞれの位相は、理念としての錯綜体が個体化していく、そのシステム論的段階に折り重なるし、シーニュの役割は、現象を構成しながら、現象がその齟齬においてまさに理念を思考させるよう強いるという事態を示している。

同時に、ドゥルーズが「本質」や、そこでの「永遠」の時間という形象について、ここまであからさまに、ある意味ではかなり素朴に論じていることには注意が必要だろう。『差異と反復』では、「イマージュなき思考」として描かれていた理念の領域が、『意味の論理学』の「反‐実現」論で見られるように、芸術の力能によって、対象化に逆らう仕方で提示されうることは、すでに見た通りである。ここでの「根源的な時間」のイマージュは、後期のドゥルーズでは、『シネマ』の「時間イマージュ」や、さらには芸術を哲学と科学との関係において規定する『哲学とは何か』の論旨にも繋がるものだろう。もちろんそこでは、現象化しえないものの現象化というパラドックスが問題になる。しかし『プルーストとシーニュ』のドゥルーズは、こうしたパラドックスそのものを（齟齬を発生させる当の事態を）深く論じることはない。だが、逆にいえば、理念の展開の各段階すべてをシーニュという「解読」の事例に押さえ込むことにより、この書物は、ドゥルーズが芸術と時間イマージュとの関わりを、さらに後に描きだすに到る、その端緒を形成するテクストとして読むことができるのである。

†文学機械へ

この書物の第二部、まさに「文学機械」と題されている部分は、明らかにガタリとの共同作業の時期において、そこでの概念を導入することで、ドゥルーズが自らのプルースト論を補ったものである。それゆえこの部分には、六十年代から七十年代へのドゥルーズ自身の移行を巡る問題系が、はっきりと析出されている。

そこでの主張の最たるものは、まさに「アンチロゴス」としての「機械」という概念である。そして文学機械が備えている「生産性」である。六十年代のドゥルーズでは、「第三の時間」を軸とした垂直的発生によって見いだされていた事態を、まさに表層の装置によって捉え込むことがなされていく。

ドゥルーズ＝ガタリの時期になると顕著であるが（たとえば、まさに『カフカ』がその典型をなすが）、彼らの言語についての思考からは、シニフィアンの中心性は徹底して剝奪される。それゆえ言葉は、アジャンスマンや、さまざまな平面における作動という、水平的な軸が強調される方向に整序化されていく。

こうした事情をよく提示してくれるのが、このプルースト論第二部において、「横断性」という概念が頻出することではないか。あるいは「断片」や、そこでの「非コミュニケーション」という事態が強調されることではないか。それらは、ガタリ的な色彩が濃い概念である。またそこで、トランスセクシュアルな場面が重視されることも着目すべきである。

ドゥルーズの思考が、ベルクソンの論じた持続がとりだしてくる、異質的な多様性や内包性を問題とするかぎり、それはもともと横断的な性格をもっている。トランスセクシュアルという事態も、プルースト論前半部の、同性愛と植物性に関する議論でとりあげられていたように、そもそも未分化的な事情によって性を主題化する以上、馴染みのテーマであるともいえる。

しかし、「横断性」というガタリ的な術語を利用して、機械に言及していくここでの記述では、議論の構えが大きく変容してしまう。第一部のプルースト論では、「シーニュ」の汎通性がとりあげられながらも、それは、『差異と反復』や『意味の論理学』での発生論と重なりあうように、分化されたシーニュから、理念的な芸術のシーニュへという分類論を形成してしまっていた。そのかぎりにおいて、そこでドゥルーズが、垂直的な発生論という枠組みに固執しているのを見るのはたやすい。この発生論が、『意味の論理学』での表層の重視や、そこでの「出来事性」の「反-実現」論からみても、問題含みであることは明らかであった。プルースト論で「シーニュ」という、それ自身「反-実現」のあわいと接しているような局面を見いだしてくることも、この垂直性へのひとつの対処であったといえる。

だが、ガタリ的な「横断性」を論じ、そこでの「断片性」「非コミュニケーション性」を強く見いだしていくドゥルーズは、こうした発生論的な配置を退ける方向に大きく舵を切っている。そこにこそ、機械性や平面性、そして発生論ではないコード化論という、七十年代のドゥルーズの議論を彩るさまざまな主題群が差し挟まれるのである。

これらのテーマは、もちろん『アンチ・オイディプス』では、欲望する諸機械としての無意識の作動において、そして『千のプラトー』では、コスモロジックに展開される、言語や土地や芸術に関連した抽象機械によって論じられるものである。しかしそれが、ここで見られるように、エクリチュールとしての文学機械にシーニュ概念を接続させていく作業から掘り起こされていることは、こうしたドゥルーズの「転回」を考える上で、改めて着目されてもよい。

タナトスが機関車と結びつき、言明不可能な深層が無言のリズムとして現れていくゾラ論における機械、それがこうした文学機械総体に鳴り響き、ドゥルーズの記述のあり方をも組み替えていく。その組み替えが成功であったのか、そこでは「発生」としての「哲学」を論じていたドゥルーズからとり逃されるものはないのか、さらには、ガタリとの七十年代を経て晩年に向かっていくドゥルーズにとって、この「転回」は充分であったのか、あるいはもう一段階の変容が必要だったのではないか。これらの問いは、やはりここまで記述してきた、六十年代の「哲学」を受けて、そこからの距離と偏差を測定することによってこそ検討されるべきだろう。

あとがき

ドゥルーズが多くの読者を魅了し、さまざまな影響力を行使してきたことは間違いがない。二十一世紀になって、華やかなりし六十年代の現代思想の光景ははるか昔に遠ざかってしまった。しかしこの時代のなかで、とりわけ国家や資本、情報や環境やグローバル性が前面に出てきている状況において、なおさまざまな論者がドゥルーズに言及しつづけている。その根底には、ドゥルーズそのものがもっている思想的な深さ、あるいはその射程の広さがあることはいうまでもない。そこでは、後期ドゥルーズの、ドゥルーズ＝ガタリによる著述がやはり目を引くにしても、その基底では、前期の、いわば定型的な哲学の枠内で仕事をしていたドゥルーズの議論が重要な役割を演じていることは確かである。生の哲学を引き継ぎ、広く哲学のバロック性に棹さし、独自の生命論的システム論とでもいえる思考を展開した、その初期の思考を咀嚼することなくしては、もとより後期ドゥルーズについて何かを述べることは空疎にすぎる。ドゥルーズを読む際には、その潜在性の生成システム論の射程がどこまであったのか、そしてドゥルーズがそれと距離をとりながら後期の思考を開始していくのであれば、そこからの離反はどこがポイントになっているのか、それらがまずは明確にされなければならない。それは、ある種の「趣味」や「個人芸」として読まれていた側面も濃厚なドゥルーズの思考の、徹底した「通俗化」の過程であるといえるし、そのプロセスは、世界的に進行している流れでもある。

二十世紀後半におけるドゥルーズの位置は、良かれ悪しかれ、二十世紀前半におけるハイデガーのそれに酷似している。熱狂的に受容され、数々のエピゴーネンを生みだし、その特異なジャーゴンが席巻する。多くの場合は、そこで何が語られているのかはよく分からないままに、煙に巻くようにその口吻をまねすることで、何かを語ったつもりになる。とりわけ輸入思想の天国である日本ではそうであった。かつてハイデガーが、したりがおで流布されたように、ドゥルーズもそうした「思想密輸入業者」の恰好の餌食になり、流通していく。もちろんそれがもっている「創造的」な側面は決して軽視されるべきではない。ハイデガーが三木清や和辻哲郎や西田以降のさまざまな思想を触発し、それが正当なハイデガー読解であるかどうかとは別次元において、生産的な道を切り開いたことは確かだからだ。ドゥルーズにおいても同じような状況はある。しかし同時に、やはり思想がどこかで先に進むためには、ある段階でその徹底した「通俗化」と、思想の意義の検証という作業は不可欠になる。そこでこそ、実質的な応用的作業も可能になる。

日本の文脈において、ハイデガーに関しては、渡邊二郎氏が、翻訳や著作を通じてそうした「通俗化」を強烈に推し進め、神秘化も神格化もしないハイデガー理解を推し進めたことが思い返される。私にとっては教えを請うた先生のひとりでもある氏も昨年逝去された。そうした個人的な事情は措くとしても、おそらくフランス思想において、ハイデガーに対して渡邊氏が行っていたような、それ自身は直接的に生産的ではないかもしれないが、丹念にテキストを通俗化する読みは不可欠だと考えていた。もちろん百科事典のような氏の『ハイデッガーの実存思想』『ハイデッガーの存在思想』(勁草書房)には及ぶべくもないが、私としてはドゥルーズについて、アクロバティックではない「通俗化的」解説は是非とも必要と考えていた。この本は、そうした作業の一環と捉えていただければ幸いである。

拙書としては、七年前にNHK出版から、「哲学のエッセンス」のシリーズで『ドゥルーズ　解けない問いを生きる』を執筆させていただいている。NHK出版の本は、ご一読いただければ分かるように、「生命」と「問い」という概念を中心にドゥルーズの思考の核心を私自身の視点からわしづかみにしたものであり、編年体的に書物ごとの解説を企てた今回の著作とは方針がまったく異なっている。あえていえばNHKの本は全編、本書の前書き(に折り重なるもの)と考えていただければありがたい。またドゥルーズの「時間論」については、岩波書店の『思想』に連載を行っており、いずれ遠くない時期に、他の論考とあわせて書籍化する予定である。また、この本で描いた以降のドゥルーズ＝ガタリへの変遷をカヴァーする部分については、続編を書こうという意欲はあるのだが、ガタリも含めた最近の海外文献や伝記のサーヴェイが必要であり、そのうちにどこかで果たせればと考えている。その意味では、この書物は編年体記述の「前半部」にすぎない。

本書については、前に『生と権力の哲学』を出したときと同様に、ちくま新書の伊藤大五郎さんにお世話になりました。校正については、大阪大学大学院博士前期課程の吉上博子さんと小倉拓也君にはとりわけお手数をおかけしました。小倉君は、年表及び著作一覧にも尽力いただきました。また本文中に差し挟まれている図表については、原図を学術振興会特別研究員の近藤和敬君に作成していただきました。ここで名前を出した方以外にも、研究室を構成し、あるいは出入りしてくれているさまざまな学生さん達との関わりによって私の研究生活そのものが可能になっていることはいうまでもなく、それぞれの皆さんに、それぞれの意味で感謝いたします。

二〇〇九年二月十六日

檜垣立哉

ビブリオグラフィー

最新版の邦訳

（「ペリクレスとヴェルディ――フランソワ・シャトレの哲学」丹生谷貴志訳『ドゥルーズ横断』宇野邦一編、河出書房新社、一九九四年。「意味と諸価値」三輪誠一郎訳、「ルクレティウスと自然主義」大山載吉訳、共に『ドゥルーズ――没後10年、入門のために』「KAWADE道の手帖」、河出書房新社、二〇〇五年を除く。）

『ドゥルーズ初期――若き哲学者が作った教科書』加賀野井秀一訳、夏目書房、一九九八年

『ヒューム』合田正人訳、ちくま学芸文庫、二〇〇〇年

『経験論と主体性――ヒュームにおける人間的自然についての試論』木田元＋財津理訳、河出書房新社、二〇〇〇年

『記憶と生』前田英樹訳、未知谷、一九九九年

『ニーチェと哲学』江川隆男訳、河出文庫、二〇〇八年

『カントの批判哲学』國分功一郎訳、ちくま学芸文庫、二〇〇八年

『プルーストとシーニュ――文学機械としての『失われた時を求めて』』(増補版) 宇波彰訳、法政大学出版局、一九七七年
『ニーチェ』湯浅博雄訳、ちくま学芸文庫、一九九八年
『ベルクソンの哲学』宇波彰訳、法政大学出版局、一九七四年
『マゾッホとサド』蓮實重彦訳、晶文社、一九七三年
『差異と反復』(上・下) 財津理訳、河出文庫、二〇〇七年
『スピノザと表現の問題』工藤喜作+小柴康子+小谷晴勇訳、法政大学出版局、一九九一年
『意味の論理学』(上・下) 小泉義之訳、河出文庫、二〇〇七年
『スピノザ――実践の哲学』鈴木雅大訳、平凡社ライブラリー、二〇〇二年
『アンチ・オイディプス――資本主義と分裂症』(上・下) 宇野邦一訳、河出文庫、二〇〇六年
『カフカ――マイナー文学のために』宇波彰+岩田行一訳、法政大学出版局、一九七八年
『対話』江川隆男+増田靖彦訳、河出書房新社、二〇〇八年
『政治と精神分析』杉村昌昭訳、法政大学出版局、一九九四年
『重合』江口修訳、法政大学出版局、一九九六年
『千のプラトー――資本主義と分裂症』宇野邦一+小沢秋広+田中敏彦+豊崎光一+宮林寛+守中高明訳、河出書房新社、一九九四年
『感覚の論理――画家フランシス・ベーコン論』山縣熙訳、法政大学出版局、二〇〇四年

『シネマ1運動イメージ』財津理＋齋藤範訳、法政大学出版局、二〇〇八年
『シネマ2時間イメージ』宇野邦一＋石原陽一郎＋江澤健一郎＋大原理志＋岡村民夫訳、法政大学出版局、二〇〇六年
『フーコー』宇野邦一訳、河出文庫、二〇〇七年
『襞――ライプニッツとバロック』宇野邦一訳、河出書房新社、一九九八年
『記号と事件――1972年―1990年の対話』宮林寛訳、河出文庫、二〇〇七年
『哲学とは何か』財津理訳、河出書房新社、一九九七年
『消尽したもの』宇野邦一＋高橋康也訳、白水社、一九九四年
『批評と臨床』鈴木雅大＋谷昌親＋守中高明訳、河出書房新社、二〇〇二年
『無人島 1953–1968』前田英樹監修、宇野邦一＋江川隆男＋加賀野井秀一＋財津理＋鈴木創士＋鈴木雅雄＋前田英樹＋松葉祥一＋三脇康生＋安島真一訳、河出書房新社、二〇〇三年
『無人島 1969–1974』小泉義之監修、稲村真実＋小泉義之＋笹田恭史＋杉村昌昭＋鈴木創士＋立川健二＋松葉祥一＋三脇康生訳、河出書房新社、二〇〇三年
『狂人の二つの体制 1975–1982』宇野邦一監修、宇野邦一＋江川隆男＋岡村民夫＋小沢秋広＋笹田恭史＋菅谷憲興＋杉村昌昭＋鈴木創士＋鈴木秀亘＋水嶋一憲＋宮林寛訳、河出書房新社、二〇〇四年
『狂人の二つの体制 1983–1995』宇野邦一監修、宇野邦一＋江川隆男＋小沢秋広＋笠羽映子＋財津理＋笹田恭史＋杉村昌昭＋鈴木創士＋野崎歓＋廣瀬純＋松本潤一郎＋宮林寛＋守中高明

十毬藻充訳、河出書房新社、二〇〇四年

参考書の類

邦書

浅田彰『構造と力』勁草書房、一九八三年
ドゥルーズ＝ガタリの『アンチ・オイディプス』『千のプラトー』を中心に、ラカンからの乗り越えという図式を描いたもの。日本におけるドゥルーズ＝ガタリ導入の記念碑的な著作。
船木亨『ドゥルーズ』清水書院、一九九四年
これも、ドゥルーズ＝ガタリの思考の方に焦点を当てながら、着実な読解を企てるもの。この手の堅実な入門書としては日本では最初のもの。
篠原資明『ドゥルーズ』講談社、一九九七年
講談社の「現代思想の冒険者たち」の一冊。論者の個性的なスタンスが目立つが、作品に応じた解説になっている。
小泉義之『ドゥルーズの哲学——生命・自然・未来のために』講談社現代新書、二〇〇〇年
生命哲学、生命システム論に引きつけた、斬新な読解。
宇野邦一『ドゥルーズ　流動の哲学』講談社選書メチエ、二〇〇一年
ドゥルーズの多くの作品の邦訳者であり、とくにその身体芸術論に関して、日本で多大な影響を与えた論者の手になる入門書。

檜垣立哉『ドゥルーズ　解けない問いを生きる』日本放送出版協会、二〇〇二年
拙書につき省きます。本書との連関は「あとがき」を参照のこと。
松本潤一郎＋大山載吉『ドゥルーズ——生成変化のサブマリン』白水社、二〇〇五年
テクストに即した読解の試み。
芳川泰久＋堀千晶『ドゥルーズ　キーワード89』せりか書房、二〇〇八年
本邦初のオリジナルなキーワード集。かなり踏み込んだ読解も目立つ。
江川隆男『存在と差異——ドゥルーズの超越論的経験論』知泉書館　二〇〇三年
〈反－実在論〉に関する強烈な解釈を主軸においた、本邦初の本格的研究書。
小泉義之・鈴木泉・檜垣立哉編『ドゥルーズ／ガタリの現在』平凡社、二〇〇八年
没後十年を契機に計画された研究会の論文集。若手の論文も大量に含むとともに、巻末には書誌的情報を載せてある。

さらに『現代思想』青土社、またかつての『批評空間』太田出版などにおいて、定期的に特集がくまれているが、とりわけ二〇〇八年一二月号の『現代思想』「特集ドゥルーズ」は、筆者も対談をおこなっており、また最新の研究動向を反映しているので着目されたい。

翻訳書
マイケル・ハート『ドゥルーズの哲学』田代真＋井上摂＋浅野俊哉＋暮沢剛巳訳、法政大学出

版局、一九九六年
フランソワ・ズーラビクヴィリ『ドゥルーズ・ひとつの出来事の哲学』小沢秋広訳、河出書房新社、一九九七年
アラン・バディウ『ドゥルーズ——存在の喧騒』鈴木創士訳、河出書房新社、一九九八年
ジャン＝クレ・マルタン『ドゥルーズ／変奏♪』毬藻充＋加藤恵介＋黒川修司訳、松籟社、一九九七年
ロベルト・デ・ガエターノ編『ドゥルーズ、映画を思考する』廣瀬純＋増田靖彦訳、勁草書房、二〇〇〇年
クレア・コールブルック『ジル・ドゥルーズ』國分功一郎訳、青土社、二〇〇六年

ドゥルーズ年表

一九二五年　一月一八日、パリに生まれる。
一九四四年　リセ・カルノー（現在リセ・ブルギバ）卒業。ソルボンヌ大学進学。専攻は哲学。ジャン・イポリット、ジョルジュ・カンギレムなどに学ぶ。フランソワ・シャトレ、ミシェル・トゥルニエなどと出会う。
一九四七年　『経験論と主体性』の元となる高等研究資格論文で修士号にあたる高等教育終了証書を取得。
一九四八年　哲学の教授資格試験（アグレガシオン）合格。アミアンのリセにて教員に就く。
一九五二年　アンドレ・クレッソンとの共著『ヒューム』刊行。
一九五三年　オルレアンのリセに赴任。『経験論と主体性』刊行。
一九五五年　パリのリセ・ルイ＝ル＝グラン（ルイ大王学院）に赴任。
一九五六年　英文学研究者ファニー・グランジュアンと結婚。
一九五七年　ソルボンヌ大学の助手に就く。
一九六〇年　国立科学研究センターの研究員に就く。

一九六二年　『ニーチェと哲学』刊行。
一九六三年　『カントの批判哲学』刊行。
一九六四年　リヨン大学の講師に就く。『プルーストとシーニュ』刊行。
一九六五年　『ニーチェ』刊行。
一九六六年　『ベルクソンの哲学』刊行。
一九六七年　『マゾッホとサド』刊行。
一九六八年　国家博士号請求論文『差異と反復』、同副論文『スピノザと表現の問題』提出、刊行。
一九六九年　新設のパリ第八大学ヴァンセンヌ校の教授に就く。『意味の論理学』刊行。監獄情報集団（GIP）に参加。肺を手術。
一九七〇年　『スピノザ』刊行。
一九七二年　フェリックス・ガタリとの共著『アンチ・オイディプス』刊行。
一九七五年　フェリックス・ガタリとの共著『カフカ』刊行。
一九七六年　フェリックス・ガタリとの共著『リゾーム』刊行。
一九七七年　クレール・パルネとの共著『対話』刊行。フェリックス・ガタリとの共著『政治と精神分析』刊行。
一九七九年　カルメロ・ベーネとの共著『重合』刊行。
一九八〇年　フェリックス・ガタリとの共著『千のプラトー』刊行。

一九八一年　『感覚の論理』刊行。
一九八三年　『シネマ1運動イメージ』刊行。
一九八五年　『シネマ2時間イメージ』刊行。
一九八六年　『フーコー』刊行。
一九八七年　パリ第八大学退官。
一九八八年　『襞』刊行。
一九九〇年　『記号と事件』刊行。
一九九一年　フェリックス・ガタリとの共著『哲学とは何か』刊行。サミュエル・ベケットとの共著『消尽したもの』刊行。
一九九二年　肺を手術。人工肺をとりつける。
一九九三年　『批評と臨床』刊行。
一九九五年　一一月四日、パリにて自宅のアパルトマンから身を投げ死去。
二〇〇二年　『無人島』刊行。
二〇〇三年　『狂人の二つの体制』刊行。

ちくま新書
776

ドゥルーズ入門《にゅうもん》

二〇〇九年 四 月一〇日 第一刷発行
二〇二五年一〇月 五 日 第三刷発行

著　者　檜垣立哉（ひがき・たつや）

発行者　増田健史
発行所　株式会社 筑摩書房
東京都台東区蔵前二―五―三　郵便番号 一一一―八七五五
電話番号〇三―五六八七―二六〇一（代表）
装幀者　間村俊一
印刷・製本　株式会社 精興社

ISBN978-4-480-06481-3　C0210